# 思いやりの力

## 共感と心の健康

櫻井茂男

新曜社

# まえがき

筑波大学での大学院時代、私は心理学研究科の高野清純先生のもとで研究を始めました。当時高野研究室は研究テーマによって二つのグループに分かれており、ひとつは私が属していた学習意欲を研究するグループ、もうひとつは思いやりを研究するグループでした。

当初私は、思いやりについて研究することはないと思っていましたが、どうしたわけかしだいにこの研究に魅かれ、大学院の終わりのころには子どもの共感性について研究をして論文を発表するまでになっていました。これは、あることに何回も接しているといつの間にかそのことが好きになってしまうという「単純接触効果」の賜物でしょうか。

奈良教育大学に就職してからは、思いやりもひとつの研究テーマになりました。それ以来、少しずつですが研究を重ね、二年前に退職するまで研究を続けてきました。現在も文献研究が中心ですが、研究を続けています。

本書は、私が研究するずっと前から綿々と行われてきた思いやりに関する心理学研究、とくに発達心理学および社会心理学における研究をベースに、私共がここしばらくの間行ってきた思いやりの対象を関係性の強さで分けて検討しようという「関係性アプローチ」に基づく研究や進化学を取り入れた進化心理学的な研究を含めて、思いやりに関する研究を総合的に紹介する本を出版したいとの思いから、新曜社社長の塩浦暲氏にお願いして、出版の運びとなったものです。

さて少々唐突ですが、私はこれまでどんな思いで死ぬのが一番幸せなのか、と自問自答してきました。私の自問自答の結果はいつも同じで、それはつぎの文章に要約されます。

「人を助けることが多くできれば、自分がこの世に生まれてきた価値はあると思えるので、きっと幸せに死ねるであろう」

別の表現をすれば、こうです。

「死ぬときに幸せな人生だったと思えるには、自分のことよりも周囲の人たちのことを考え、その人たちのために役立つことをたくさんしておくことが大事だ」

みなさんはどう考えられるでしょうか。お金持ちになって贅沢に暮らせたことが幸せと思えるのか、それとも有名になって周りの人からちやほやされたことが幸せと思えるのか、それとも私のように人助けをたくさんして役立つことが幸せと思えるのか。

ただ、ひとつ疑問が生じます。私の人助けをする理由は突き詰めていくと、自分が幸せに死ぬためですから「利己的」なのです。好ましいといわれる「利他的」ではありません。ただし、人助けをしたいという、二次的ではありますが直接的な意図が働きますので、「利他的」といえるかもしれません。心理学では従来、内面的に満足を伴う感情である有能感や自尊感情を高めるために人助けをすることは「利己的」とはいわないことにしてきましたが、それはおもに研究上のことであり、やはり後ろめたい気持ちは拭えません。

みなさんはどう考えるでしょうか。一度、本気で考えてみてください。ちなみに私はいまのところ

「二次的とはいえ人助けをしたいという直接的な意図をもち、結果的に人助けができる」のであれば、「それでもよいのではないか」と高をくくっています。

奇妙な話を書いてしまいましたが、ここからは本来の「まえがき」として、本書の構成について紹介します。

本書は序章から第7章までの八つの章で構成されています。

序章では、思いやりに関係する用語を整理し、本書で使用する用語について簡潔に説明します。のちの章で詳しい説明をしますので、ここでは基本用語である共感（性）、向社会的行動、愛他的行動、利己的行動、向社会性、利己性、視点取得、役割取得、向社会的判断を取り上げます。なお、思いやりの重要な要素である「共感性」は思いやりの気持ち、「向社会的行動」は思いやりの行動とおおまかにご理解ください。

第1章では、思いやりとは何か、ということで「共感（性）」と「向社会的行動」について詳しく説明します。とくに向社会的行動では、「援助行動」のような同情によって喚起される典型的な向社会的行動とともに、「賞賛行動や応援行動」のように相手が成功した場面で賞賛したい、もっと応援したいといった感情によって喚起される向社会的行動も取り上げます。また共感には認知的共感と情動的共感がありますが、認知的共感によって他者の心がうまく理解されたとしても、必ずしも援助行動などの向社会的行動に至るわけでないことを事例とともに紹介します。善意ではなく、悪意がある場合がそうなります。

第2章では、思いやりの気持ちはどのように実現されるのか、について説明します。共感から向社会的行動に至るプロセスと、共感の一部から利己的行動に至るプロセスをモデル化します。

共感から向社会的動機を経て向社会的行動に至るプロセスが順調に進むには、他者のために役立ちたい、社会のために貢献したいという「向社会性」と、他者や社会のためになるにはどのような行動をするのが適切かを判断する「向社会的判断能力」が必要になることを示します。

一方、自分のためになることをしたいという「利己性」が強く、向社会的判断能力が低い場合には、共感の一部から「妬み」や他人の不幸は蜜の味といった感情である「シャーデンフロイデ」が生じ、利己的動機を経て利己的行動に至るプロセスが働くことも説明します。

第3章では、思いやりの発達について説明します。私の専門分野でもありますので、少々詳しい説明になりますが、子育てや自己理解、さらには家族や友人や同僚などの他者理解にも役立ちますので、是非読み通してください。

第4章では「思いやりの強い人・弱い人」と題して、思いやりに個人差が生じる原因について考察します。子育て、教育、職場の人間関係、遺伝などを取り上げて、多面的に論じます。共感性には経験だけでなく遺伝の影響もあります。行動遺伝学の最近の研究では、遺伝と環境の相互作用も考慮されるようになりました。これらのことも紹介します。

第5章では「思いやりと、心の健康・適応」と題して、共感性や向社会的行動が高かったり多かったりした場合には心の健康や適応が増進されること、しかし共感性が高すぎたり長期にわたって継続されたりする場合には「共感疲れ」が起こること、さらに共感性の欠如を主症状とする精神疾患として、サイコパシー、自閉症スペクトラム障害、自己愛性パーソナリティ障害などがあることを説明します。本章では、私の研究室でのプロジェクト研究も紹介します。

第6章では「思いやりと、学習や仕事への意欲との関係」と題して、内発的な学習意欲の研究ではこれまでほとんど取り上げられなかった「集団での学習場面」、とくに学校での授業場面での意欲について考えます。そして、思いやりを基盤とする「向社会的な学習意欲」が重要であること、それは内発的な学習意欲、達成への学習意欲、自己実現への学習意欲とともに新たに提唱された「自ら学ぶ意欲」に含まれる重要な意欲であることを、最新の研究成果をもとに紹介します。そして大人の仕事場面では、「自ら仕事をしようという意欲」が重要な役割を果たすことを指摘し、仕事がおもしろくなり、やりがいが見出せるようになるヒントも紹介しますので、ご期待ください。

最終章の第7章では「思いやりのない自分や相手とうまくつきあう」と題して、まずは共感性を測定する新しい質問票を紹介し、それを読者の方にやっていただきます。その結果を踏まえ、共感性が低くても職場の人とうまくつきあう方法、自分の共感性を高める方法、さらには同僚、家族、友人などで共感性が低い人とうまくつきあう方法を、多くの具体例とともに提案します。

本書では身近な例や個人的な体験を各所で紹介します。飽きずに、そして興味深く読んでいただけるものと自負しています。

本書の構成は以上です。

それでは、序章よりお読みください。

# 目次

装幀＝新曜社デザイン室

# 序章　思いやりに関する用語の整理

思いやりに関する用語はたくさんあり、しかも複雑です。心理学だけでなく進化学や生物学でも、同じような用語を使用しているからだと思います。そこで本章では、それらを整理し、本書で使う用語について説明します。表０‐１と表０‐２をご参照ください。個々の内容についてはつぎの章から詳しく説明しますので、ここでは入門編として簡潔にしてわかりやすい説明を心がけます。

なお、表０‐１は思いやりに関する用語の大きな枠組みを、表０‐２は本書で使用するおもな用語の定義と類似した用語との違いを、理解するためにご利用ください。

## ●思いやりの分類について

表０‐１をご覧ください。思いやりは大きく、思いやりの気持ちと思いやりの行動に分けることができます。思いやりの気持ちは「共感」あるいは「共感性」といい、思いやりの行動は心理学では

表0-1　思いやりに関する用語のまとめ

| | |
|---|---|
| ①思いやりの気持ち | ：共感（場面）あるいは共感性（特性） |
| ②思いやりの行動 | ：向社会的行動 ⟷ 利己的行動 |
| ③思いやりの志向性 | ：向社会性 ⟷ 利己性 |
| ④思いやりの判断力 | ：向社会的判断能力 |

「向社会的行動」といいます。共感あるいは共感性は、おもに四つの要素で構成されますが、これらについてはのちに説明します（表0-2参照）。向社会的行動の対になる行動は「利己的行動」です。

また、向社会的行動が多い人は「向社会性」が高いと表現されます。向社会性は、他者や社会のためになりたいという志向性（orientation）であり、パーソナリティ特性や心理的欲求として捉えることもできます。向社会性の対になる志向性は「利己性」です。

共感が向社会的行動として結実するには、「向社会的判断」が必要であり、「向社会的判断能力」が重要な役割を果たします。

まずは以上のような大きな枠組みをご理解ください。

## ●共感（性）について

ここからはおもに表0-2をご参照ください。

共感あるいは共感性（empathy）について説明します。例をあげましょう。ある人がけがをして援助が必要な場面を想像してください。

「共感」とは、①けがをした人がそこにおり、困っているようだと、他者の存在や他者の心情の変化に気づき、②痛く辛そうで援助を欲しているようだと、

表 0-2　思いやりに関する用語の整理

■愛他的行動　altruistic behavior
心理学では、向社会的行動のなかでもっとも理想的な行動のこと。その要件は、①他者や社会のためになりたいという意図を一義的にもって、②外的な報酬を望まず、③自分がコスト（とくに自己犠牲）をはらってでも行う、④自発的な行動、である。

■共感あるいは共感性　empathy
思いやりの気持ちのこと。詳しくいえば、①他者の存在や他者の感情の変化に敏感で（他者への気づきや感情への敏感性）、②他者の立場になってその他者の気持ちを推測し（視点取得あるいは役割取得）、③他者と同じ感情を共有して（他者の感情の共有：具体的には悲しい、嬉しいなど）、④他者に対して感情的な反応をする（他者への感情反応：具体的には同情や好感など）といった一連のプロセスを「共感」という。このようなプロセスが安定して特性となっている場合は「共感性」ということが多い。前半の①と②を「認知的共感（性）」、後半の③と④を「情動的共感（性）」として区別する。

■向社会性　prosociality or altruism
他者や社会のためになることをしたいという志向性のこと。利他主義ともいう。

■向社会的行動　prosocial behavior
思いやり行動のこと。心理学における「向社会的行動」あるいは「利他的行動」は、他者や社会のためになりたいという意図をもって自発的に行う行動のことをいう。進化学や生物学で用いる「利他行動」は、そうした意図にかかわらず、結果的に他者や社会に利益をもたらす行動のことをいう。

■向社会的判断能力　prosocial judgement ability
向社会的行動をするか、するとしたらどのような向社会的行動をするか、などを判断する能力のこと。道徳的判断能力と関係がある。

■視点取得　perspective-taking
他者の立場に立てること。4 歳～ 7 歳くらいまでに獲得される。ただし、心理学者のデイヴィス（Davis, M.H.）は「役割取得」とほぼ同じ意味で使っており、より高度なものも指す。デイヴィスと同じ使い方をする研究者も多く、本書もそれに従うことがある。

■役割取得　role-taking
他者の立場に立って、他者のこころ（感情、考え、欲求など）の状態を推測すること。10 歳くらいまでに獲得される。視点取得がより高度に発達したもの。

■利己性　egoism
自分のためになることをしたいという志向性のこと。利己主義ともいう。自分の利益のためには他者を害してもよいとする「反社会性」に発展することもある。

■利己的行動　egoistic behavior
他者や社会のためよりも自分のためになることをしたいという意図をもって行う行動のこと。自分のために他者を害してもよいという意図をもって行う行動である「反社会的行動」に発展することもある。なお、進化学や生物学で用いる「利己行動」は、意図にかかわらず、結果的に自分に利益をもたらす行動のことをいう。

注）本書では基本的に下線をつけた用語を使用する。

他者の立場に立ってその他者の考えや感情、欲求などを推測し、③自分も辛い気持ちになるなど、他者と同じ感情を共有し、④他者に対して、かわいそうだなあ、と同情するなどの感情反応をする、という一連のプロセスを指します。②は「視点取得」といわれます。

援助を必要とする場面を例にして説明しましたが、他者がある仕事がうまくいき喜んでいるような場面（賞賛場面）でも、同じように共感のプロセスをたどることができます。これは第1章でご確認ください。

また、共感は四つの要素で構成されますが、①他者の存在や他者の心情の変化への敏感性と②視点取得の二つを合わせて「認知的共感（cognitive empathy）」、その後の③他者の感情の共有と④他者への感情反応の二つを合わせて「情動的共感（emotional empathy）」といいます。

心理学では、援助場面にしろ、成功して賞賛されるような場面にしろ、ある場面で働く思いやりの気持ちは「共感」といい、多様な場面で働く安定した思いやりの気持ちは「共感性」ということが多いです。場面限定の「共感」に対して、場面フリーの「共感性」といえばわかりやすいでしょうか。

## ●向社会的行動と利己的行動について

心理学では、思いやりの行動として「向社会的行動（prosocial behavior）」という用語をよく用います。これは自分よりも他者や社会のためになることをしたいという意図をもって行う自発的な行動のことです。一方、進化学や生物学では、そうした意図にかかわらず、結果的に他者や社会の利益になる行動のことを「利他行動」といいます。心理学が行動の意図を重視するのに対して、進化学や生物学では行動の結果を重視します。この違いはおそらく、心理学が心の解明をめざしているのに対して、進化学や生物学は人間の遺伝の解明をめざしているからだと考えられます。

じつは心理学では、もっとも思いやりの気持ちが深い行動を「愛他的行動（altruistic behavior）」と呼んでいます。その要件は、①他者や社会のためになりたいという意図を一義的にもつこと、②外的な報酬を望まないこと、③自己犠牲をいとわず、自分がコストを払ってでも行うこと、④自発的な行動であること、の四つです。意図や動機を重視する心理学の立場からすると、もっとも崇高な行動といえるでしょう。

向社会的行動の対極に位置する行動が「利己的行動（egoistic behavior）」で、その延長線上にあるのが「反社会的行動（anti-social behavior）」です。利己的行動とは、他者や社会よりも自分のためになることを意図した行動です。利己的行動がより利己的になって、自分のためになれば他者や社会に害を与えてもよい、との考えのもとに行う行動は「反社会的行動」と表現されます。

なお、進化学や生物学では、その意図にかかわらず、結果的に自分の利益になる行動のことを「利己行動」といいます。これは先の利他行動と同じ論理に基づいています。

さて、向社会的行動と利己的行動を中心に説明をしてきましたが、表0-3に行動の意図と結果によってそれらの行動を分類してみました。ご覧ください。

行動の意図が利他的で結果も利他の場合は、典型的な向社会的行動といえます。また、意図が利己的で結果も利己の場合も明確であり、典型的な利己的行動といえます。

表 0-3　行動の意図と結果に基づく社会的行動の分類

| 結果＼意図 | 利他的 | 利己的 |
| --- | --- | --- |
| 利　他 | 向社会的行動<br>（利他行動） | 利己的行動<br>（利他行動） |
| 利　己 | 向社会的行動<br>（利己行動） | 利己的行動<br>（利己行動） |

注）（　）内の用語は行動の結果を重視する進化学や生物学で用いられる。


問題になるのは、その他の二つの組み合わせです。

意図が利他的で結果が利己の場合は本書では向社会的行動とします。ただしこれは意図を重視しており、結果を重視すれば利己行動といえるでしょう。この場合にはどんなケースが考えられるでしょうか。

たとえば、あなたが公園を散歩していたとします。よちよち歩きのかわいい幼子に出会い、その子があなたの目の前で突然転んでしまいました。あなたはかわいそうだと思い、「大丈夫？」と声をかけながら立ち上がらせてあげました。これは一般的に考えれば純粋な援助行動といえるでしょう。

ところが、そばでその子を見守っていた母親は、その子に歩く練習をさせていたとしたらどうでしょうか。その子が転んだら自分の力で立ち上がり、歩き続けることを望んでみていたのです。このような母親の視点に立つと、子どもが転んでも放っておいてもらうことが望ましい対応であり、立ち上がらせることはお節介な行為になります。さらに助けた本人が助けたことで鼻高々になっていたとしたら、自分勝手な行為と受けとられる可能性もあります。また、当の子どもも自分で立ち上がろうと頑張っていたとしたら、発達的にみれば余計な助けといえるでしょう。このようなケースでは、あなたの意図は利他的ですがその結果は利己といえるかと思います。

つぎに、行動の意図が利己的で結果が利他の場合は、本書では利己的行動とします。もちろん、これは意図を重視しています。結果を重視すれば利他行動といえます。この場合には、どのようなケースが考えられるでしょうか。

小学校高学年くらいの子どもが、杖をついて大儀そうに歩いているおばあさんに出会いました。その子らのそばには交通安全週間の巡視のために先生が一緒にきていました。その子は先生に認めてもらいたいという思いから、おばあさんの手をとり横断歩道を一緒に渡りました。渡り終わるとおばあさんは、その子にねぎらいの言葉をかけました。しかしその子は少々困ったような表情をしていました。このようなケースでは、意図は利己的ですが結果は利他といえるかと思います。こうしたケースは実際には多いように感じますが、いかがでしょうか。第2章で異なるケースも紹介しますので、ご参照ください。

## ●向社会性と利己性について

「向社会性（prosociality or altruism）」とは、自分よりも他者や社会のためになることをしたいという志向性であり、パーソナリティ特性や心理的欲求として捉えることもできます。心理学では向社会的行動が多いことが、この指標になります。

一方、「利己性（egoism）」は、他者や社会よりも自分のためになることをしたいという志向性であり、向社会性と同様、パーソナリティ特性や心理的欲求として捉えることができます。この測定には、利己的行動の多さを使います。

さらに、利己性の延長線上には「反社会性（anti-sociality）」が位置づけられます。自分の利益のためには他者や社会を害してもよいという志向性であり、この測定には反社会的行動の多さを使います。反社会性の典型は「攻撃性（aggressiveness）」といえます。

## ●視点取得と役割取得について

共感、あるいは共感性を構成する要素である「視点取得（perspective-taking）」と「役割取得（role-taking）」について説明します。

視点取得とは、他者の立場に立つことであり、発達的には4歳から7歳くらいまでに獲得されます（第3章を参照）。ただ、他者の立場に立てるものの、まだ他者の心のうちを推測して理解することは未熟な段階にあります。

役割取得とは、他者の立場に立って、さらに他者の感情、考え、欲求など他者の心のうちを推測し理解することであり、先の視点取得がより発達したものと考えられます。10歳くらいまでには獲得されます。視点取得の獲得から数年の年月が必要で、小学校高学年くらいになれば個人差は大きいものの、他者理解がかなり正確にできます。

なお、共感の研究で有名な心理学者のデイヴィスは、視点取得を役割取得と同じように使っています。[1]こうした研究者が多いため、本書では視点取得を役割取得とほぼ同じ意味で使うことがあります。その点ご承知おきください。

## ●向社会的判断能力について

向社会的行動をするかどうか、さらにするとしたらどのような向社会的行動をするのかを、その場の状況や援助を求めている人の情報など（第2章の表2-1参照）から適切に判断することを「向社会的判断」、そうした能力のことを「向社会的判断能力（prosocial judgement ability）」といいます。道徳的判断能力との関係が強い要因です。中学生くらいから、大人と同じような判断ができるようになります。

最後に、本書では心理学での用語法を尊重したいと考え、表0-2の注に示されている通り、下線がついている用語を基本用語として使用します。

それでは、表0-1と表0-2を再度確認して、第1章にお進みください。

**【文献】**

[1] たとえば、デイヴィス、M・H／菊池章夫（訳）（1999）『共感の社会心理学──人間関係の基礎』川島書店〔Davis, M.H. (1994) *Empathy: A social psychological approach.* Boulder, CO: Westview Press.〕

# 第1章　思いやりとは何か

## ●思いやりはどのように現れるのか

　私は退職するまで、電車とバスで片道二時間半ほどかけて職場に通っていました。電車に乗るのは一時間半ほどでしたが、車内ではいろいろな人間模様がみられ、心理学者としてはそれらを分析するのがひとつの楽しみでした。そうした通勤電車のなかで観察された出来事を二つ紹介します。

### 思いやりのある50歳くらいの女性の例〈事例①〉

　朝つくばに向かうときのことでした。高齢者の方は、混雑する時間帯にはあまり乗車されないのですが、そのときは80歳くらいのおばあさんが重そうな荷物を持って乗車してきました。満席状態で多くの人が立っていましたので、おばあさんも荷物を携えて立つことになりました。私の席からはだいぶ遠かったのですが、それでもおばあさんの近くに座っていた50歳くらいの女性が席を譲るのが見えました。おばあさんの近くには20〜30歳くらいの若い男女が多く座っていましたが、スマホに夢中になっている人が多く、席を譲ったのはそのなかでもっとも高齢と思われる女性でした。おばあさんは「ありがとうございます」と言ってゆっくりと腰を下ろし、席を譲ってくれた女性と二、三言葉を交わしていました。

翌日このエピソードを妻に話すと、「私も50歳くらいになったころ、体力が少しずつ衰えてきて、自分よりも高齢の人が立っている姿を見ると、その大変さが実感できるようになったわ。たぶん、その50歳くらいの女性も、おばあさんの気持ちに素直に寄り添えたのではないかしら」と説明してくれました。私もときどき電車のなかで妻がしんどそうに立っている様子をみているので、その説明に納得しました。またそばに座っていた、外見では体調等に不調があるとは思えない元気そうな若者たちについては、常日頃思いやりのある行動をするように教えられているとは思いますが、どうして席を譲ろうとしなかったのか、大学生を教育する立場にあった私たちも残念な気持ちになりました。

### 思いやりのある高校生の例〈事例②〉

ただ、同じような状況でも、別の展開をした出来事もありました。

夏が近い6月下旬のことでした。夕方仕事が終わり帰宅するときのことです。もちろん、ラッシュ時でしたので、始発駅から乗車した私は座れましたが、電車が東京に近づくにつれ混雑してきました。80歳前後とみられるおばあさんが荷物を持って乗車してきましたが、当然座る席はありません。始発駅近くの高校の生徒さんが帰宅する時間帯でもあり、制服から判断してそこの生徒さんがたくさん乗車し、座っていました。そのうちのひとりの男子生徒がおばあさんに気づき、開いていたノートを閉じて席を譲ろうとしました。周囲を見ながら恥ずかしそうに「ここにどうぞ」と小さな声で言ったように聞こえました。そのとき私は、とてもすがすがしい気持ちになりました。しかしその後の展開は予想と異なるものでした。

おばあさんは「気持ちはとってもうれしいわ。ありがとうね。でも私はこの通り元気だし、それに三つめの駅で降りるから大丈夫！　それよりも勉強を続けてちょうだい」と返答したように聞こえました。男子生徒はそう言われて、ばつが悪そうに座り直しました。でもおばあさんは、それでいいのよ、気持ちはとってもうれしいのだから、といった様子でやさしく微笑み、三つめの駅で降りました。降りるときおばあさんは男子生徒に、にこにこしながら「頑張ってね」と言ったようにも聞こえました。男子生徒は恥ずかしそうに会釈をして、その後はノートを見て勉強を続けました。

私には、おばあさんの気持ちがわかるように思います。すでに他界した私の祖母もそうでしたが、子どもの私が勉強をしているときには、そのことをとても大事に思って対応してくれました。むかしの人は、戦争や貧困などで自分が勉強したいときに勉強ができなかったため、いまの若い人には思う存分勉強をさせてあげたい、との思いが強いようです。

このおばあさんも、下校時に疲れていても勉強をしている高校生をみて、自分が少々我慢してでも勉強をさせてあげたい、と思ったに違いありません。ただしひょっとすると帰宅後に、あの高校生のやさしい気持ちに、そのままこたえてあげたほうがよかったかな、と後悔したかもしれません。いずれにしても、高校生にしろおばあさんにしろ、相手のことを十分に思いやれる人だと思いました。

## ●思いやりの気持ちと行動を心理学的に分析する

二つの例を紹介しました。同じような場面に遭遇した経験のある人も多いかもしれません。私は思いやりの気持ちや思いやりの行動を研究していますので、こうした場面に出会うとそのときの人々の心理を分析し、分析した結果を記憶に留めて研究に活かすようにしてきました。私が思いやりの研究を本格的に始めたのは、東日本大震災以後で、ボランティア精神の重要性が広く認識され、心理学の分野でも思いやりやボランティア活動に関する研究が盛んになりはじめた時期でした。現在はこうした思いやりの研究を、長年取り組んできた学習意欲の研究に取り入れて（第6章参照）、新たな貢献ができないかと日々研鑽を積んでいます。

さてここでは、先の例を交えて思いやりの気持ちや行動について、心理学的な視点から説明をします。

### 思いやりの気持ちは、「共感」という

まずは、思いやりの気持ちですが、これは「共感」あるいは「共感性」といいます。

共感の定義はかなり変化してきました。現在では、①他者の存在や他者の感情の変化に気づき、そして②他者の立場になって他者の感情、考え、欲求などを理解する、といった認知的側面と、それに続く③他者の感情と同じ感情を自分も感じ、④他者に対して同情や好感といった感情反応をする、と

いった情動的側面で構成される複合的な概念となっています。従来は③の感情の共有を共感と呼ぶことが多かったのですが、現在ではその他の要素も含めて共感と捉えることが多くなっています。また、こうした共感をその人の特性（個人差）の視点から捉える場合には、それを共感性と呼びます。

例で説明したほうがわかりやすいと思います。先の事例の①でも②でも同じですが、おばあさんの状態や心情を察して、おばあさんは辛いようだ、そしてかわいそうだと思うことが共感にあたります。また、事例②のおばあさんは、高校生のことを思い、勉強を続けさせるために席を譲ろうとしたその高校生の行為を断りました。やや複雑な場面ではありますが、おばあさんはおそらく、高校生のかわいそうだから席を譲りたいという気持ちを受け止めながらも、高校生の勉強する行為を大事に思い、勉強をやめさせるのはかわいそうで忍びないと思い、席を譲られることをよしとはせず、やさしくノーと断ったのだと考えられます。こうした流れも間違いなく共感です。

## 思いやりの行動は「向社会的行動」という

つぎに思いやりの行動ですが、心理学ではこれを「向社会的行動」あるいは「愛他的行動」といいます。これまでの研究や議論[1][2]を踏まえると、心理学の世界では両者をつぎのように区別しています。

愛他的行動とは、きわめて純粋な思いやりの行動であり、①他者や社会のためになることをしたいという意図を一義的にもって、②外的な報酬（金銭など）を望まず、③自分が犠牲を払ってでも、④自発的に行う行動、のことです。この定義を採用すると研究対象となる行動が厳しく制限され研究がむずかしくなるため、心理学の研究ではこうした条件のうち②と③は望ましい条件と位置づけて、現実的には①と④を中心にして「他者や社会のためになることをしたいという意図をもって行う自発的な行動」のことを向社会的行動と呼び、研究対象としてきました。向社会的行動は、英語で positive social behavior と表現されることも多く、そこには社会のために積極的に行う行動、という意味が込められていると思われます。

このような事情で、心理学の世界では伝統的に向社会的行動という用語を使って研究が行われてきましたが、近年は進化学や生物学で用いられる「利他行動」という用語も、心理学の世界で散見されるようになりました。英語では愛他的行動と同じ表現をするのですが、その定義は愛他的行動とは違います。

利他行動とは、結果として他者や社会の利益になることに焦点があてられており、それゆえ、自分の利益よりも他者や社会の利益を優先させようとしたかどうかという意図については問題にしません。

つぎに、向社会的行動の対極に位置する「利己的行動」について説明します。この行動は、他者や社会のためよりは自分のためになることをしたいという意図をもって行う行動です。そして、その利己性が強く他者や社会を害してもよいという意図をもって行うようになると、それは「反社会的行動」となります。またときには、社会に参加せず引きこもってしまうような「非社会的行動 (asocial behavior)」になることもあるかもしれません。

向社会的行動は、前述のいずれの事例にも認められます。中年の女性や高校生がおばあさんに席を譲ろうとした行動も、事例②の、おばあさんが席を譲ろうとした高校生に対してそれをやさしく断り、高校生に席に座るように促した行動も向社会的行動です。

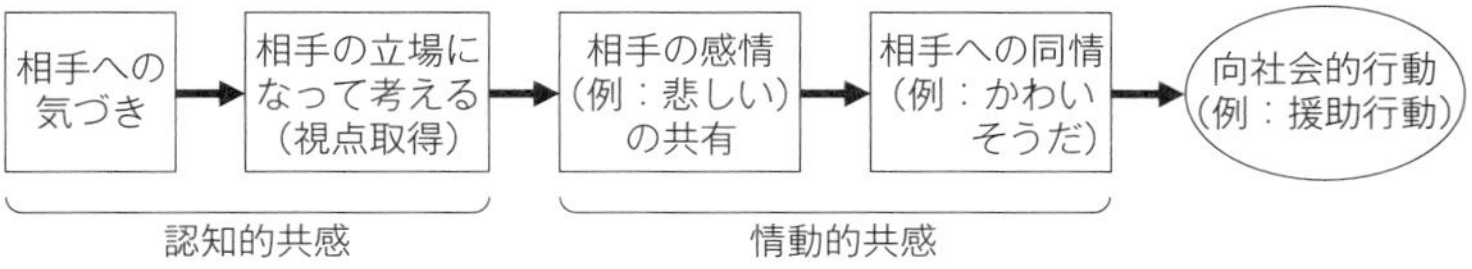


図1-1　共感から向社会的行動へのおおまかな流れ
注）□は共感の要素を示す。

## ●共感はどのような要素でできているのか

じつは、①と②のどちらの事例でも同じですが、状況を詳しく分析していくと、向社会的行動としての席を譲ろうとする行動やそれを断る行動に至るまでに、いくつかのステップを経ていることがわかります。すなわち、思いやりの気持ちである共感にはいくつかのステップがあり、一連のプロセスを経て向社会的行動に至ると考えられます。

そこでここでは、共感の要素とそのステップ[3]について紹介します。図1-1もご参照ください。なお、より詳しい要素とステップについては第2章で説明します。

### 相手に気づくこと

わかりやすいので、おもに事例①で説明しましょう。この事例では、50歳くらいの女性が80歳くらいのおばあさんに席を譲るのですが、そうした行動の端緒は、重そうな荷物を持ったおばあさんが乗車してきて、この女性の近くに立ったことにあります。しんどそうな様子のおばあさんの存在に気づかなければ、共感のプロセスは始まりません。この気づく、すなわちしんどそうな表情をした相手の存在に気づくことが第一歩となります。

この事例では、近くに多くの若者が座っていましたが、彼らはしんどそうなおばあさんの存在に気づかなかったため、共感のプロセスの第一歩は始まらなかったと思われます。ただし、うがった見方をすれば、彼らはスマホに夢中になっている振りをして、おばあさんに気づかない振りをしていたのかもしれません。いわゆる確信犯で、気づかなければ席を譲らなくても非難されない、ということを知っていて、こうした行動をとった可能性もあります。

また反対に、多くの人がしんどそうなおばあさんの存在に気づいても、たとえば「自分よりも若い人が席を譲るべきだ」「私よりは男の人が席を譲るでしょう」などと、自分よりも元気でバイタリティのある人が譲るべきであると考えたとすれば、席を譲る行動はなかなか起こらないと考えられます。実際、そのような状態だったかもしれません。さらに、自分が席を譲ると周囲の人がそうしなかったことで居心地が悪くなり、いやな思いをするのではないかと考えて、率先して席を譲ることを控えたかもしれません。このような風潮も確かにあるように思いますが、個人的にはかなり寂しいことだと感じます。

## 相手の立場になって考えること

さて、しんどそうなおばあさんの存在に気づいても、それだけでは共感のプロセスは進みません。つぎに必要なのは、おばあさんの立場になって、おばあさんの感情や考えを推測することです。心理学では「視点取得」あるいは「役割取得」といいます。相手の視点や役割を取り込むという意味であり、より具体的には相手の立場になって、その人の感情や考えを推測することをいいます。一般的には、視点取得よりも役割取得のほうが他者の心の理解が適切であることを意味しますが、本書では視点取得も役割取得と同じような意味で使うこともあります（表0-2参照）。

事例①では、中年の女性が、たぶん自分のこれまでの経験から、おばあさんに寄り添い、しんどいだろう、大変だろうと、その感情を推測したことがこれにあたります。のちの章で説明しますが、視点取得や役割取得は「心の理論（theory of mind）」といわれることもあります。とくに幼少期の子どもの心理を扱う発達心理学ではそうです。心の理論の研究によると、[4] 4歳くらいの幼児でも他者の立場になることができるようです。もちろん大人のように十分ではありませんが。それでもたいしたものだと思います。

保育園や幼稚園では、保育者が、泣いているAちゃんと泣かせたB君を前にして「B君、Aちゃんはどんな気持ちかな？」と、この視点取得を促すような言葉がけをよくしますが、これはそれなりに効果的だということです。大人になっても視点取得がうまくできないとすれば、それは幼少期以降の成長過程で、何らかの事情によって視点取得を使う機会があまりなかったものと考えられます。たとえば、自己中心的な養育者に育てられた場合などがこれに該当するでしょう。

## 相手の感情を共有すること

相手の感情の変化に気づく、そして相手の立場になって考える、という二つのステップは認知的な要素ですが、その後に続く二つのステップは、情動的な要素です。心理学では、前者を「認知的共感」、後者を「情動的共感」と呼びます（図1-1や表0-2参照）。

情動的共感の一つめは、相手と同じ感情を共有することです。「他者の感情の共有」といわれることが多いのですが、事例①では、中年の女性がおばあさんと同様のしんどい、大変といった感情を共有することとです。厳密にいえば、相手は他者なので同じ感情を共有しているかどうかははっきりしませんが、おそらく多くの場合は、類似の感情を共有していると考えられます。ただ、事例②の後半の出来事における高校生のように、よりネガティブな方向で感情を共有することもあります。この場合は、高校生がおばあさんの気持ちをものすごくしんどい、大変と推測し、その感情を抱いたものと考えられますが、おばあさんの言動からは、それほどしんどく、大変ではなかったと解釈されます。しかし高齢者に対して、よりしんどく、より大変と推測し、助けるために席を譲ろうとした高校生の気持ちは、結果として席を譲ることはできなかったにしても、温かく気配りの利いたものだと思います。

## 相手に同情すること

相手の感情を共有することに続くのは、相手への同情という気持ちが起こることです。これは「他者への感情反応」といいます。簡単にいえば、かわいそうだ、というような気持ちが起こることです。事例①の場合も、中年の女性はおばあさんが立っているのはかわいそうだと思い、席を譲ろうとしたと考えられます。この感情が起こることによって、向社会的行動が起こりやすくなります。

## 他者を応援する場面でも共感が働いている

　さてここまでは、困っている人を助ける場面、言い方を変えれば援助を必要とする場面における共感の要素やプロセスについての説明でしたが、何かがうまくいって喜んでいる他者に対してさらに応援するような場面でも共感は働きます。本書では前者を「援助場面」、後者を「賞賛場面」と呼ぶことにします。

　たとえば、サッカーの試合を見ていて、ある選手のすごいプレーに気づいて見とれ、その選手の立場になってうれしいという感情を共有し、自分はこれからもこの選手やチームを応援していきたいという気持ちになった、というような場面です。こうした場面に関する共感の研究は、わが国ではあまり進んでいません。おそらく世界的にも少ないと思います。こうした相手が成功しこちらが賞賛したくなるような場面における共感についての研究は、わが国では筆者らが鋭意行っています。第２章や第４章で詳しく説明します。もちろんこうした場面でも、たとえば右記の例では実際に試合の応援に行くなど、それ相応の向社会的行動が生じます。

## 個人の特性としての共感性

　本節ではこれまで、ある場面を対象にした共感の説明をしてきましたが、すでに述べた通り、多様な場面に共通する安定した共感性もあります。たとえば、日々の生活のなかでAさんはよく共感するけれど、Bさんはあまり共感しないようだ、というような場合、AさんはBさんに比べて共感性が高いといえます。

もちろん、共感性にも先に述べた四つの要素があり、共感とほぼ同じように捉えることができます（第4章や第7章参照）。少し違うのは、個々の場面ではなく、個人を単位にしてその流れを読むということです。たとえば、援助を必要とする場面一般での共感性については、相手の変化に気づきやすい人は相手の立場になって考えやすく、相手の立場になって考えやすい人は相手の感情を共有しやすく、相手の感情を共有しやすい人は相手に同情しやすいというように読んでいきます。

## ●向社会的行動にはどのようなものがあるのか

共感および共感性について一通りの説明が終わりましたので、向社会的行動について説明します。向社会的行動の分類については、高木[5][6]による研究が有名なので、その結果を中心に紹介します。

高木[5]は、大学生を対象に「いままでの日常生活において、どのような援助行動を自分自身で体験あるいは見聞きしましたか」という質問に対する具体的な回答を求めました。そして、そのデータを分析して、以下のような七つのカテゴリーにまとめました。

**（1）寄付・奉仕行動**：赤い羽根、歳末助け合いなどの募金活動に協力する、ボランティア活動に参加する、など。これらは社会的規範によってなされることが多いようです。

**（2）分与行動**：財布を忘れた人にお金を貸す、困っている人（食べるものがないなど）に自分のものを分けてあげる、など。

（３）**緊急事態における援助行動**：乱暴されている人を見つけたら助けたり警察に通報したりする、けが人や病人を介抱したり救急車を呼んだりする、など。こうした援助行動をしないと他者から非難されることが多いとされます。

（４）**労力を必要とする援助行動**：近所で人手の必要な行事（葬式や引っ越しなど）があると手伝う、車が故障して困っている人を助ける、など。これらは社会的規範によってなされることが多いようです。

（５）**迷子や遺失者に対する援助行動**：迷子を交番や案内所に連れて行く、忘れ物を届ける、など。

（６）**社会的弱者に対する援助行動**：乗り物などで身体の不自由な人や高齢者に席を譲る、幼い子どもが自転車で転んだときには助け起こす、散らばった荷物を一緒に拾ってあげる、など。

（７）**小さな親切行動**：道に迷っている人に道順を教える、傘を貸してあげる、カメラのシャッターを押してあげる、など。

この分類には、小さな援助行動から緊急時におけるリスクの高い援助行動までよくまとめられています。また具体例があり、わかりやすい分類だと思いますが、ここでの対象は援助行動なので、援助が必要な場面（援助場面）における向社会的行動を扱っています。したがって、他者が成功してそれに対して賞賛や応援をするような賞賛場面での向社会的行動は対象になっていません。従来はこうした賞賛場面の向社会的行動はほとんど取り上げられませんでしたので、当然かもしれません。ただこれからは必要です。

たとえば先の例のように、サッカーの試合を見ていて、ある選手のプレーに見とれ、その選手の立場になってうれしいという感情を共有し、これからもこの選手やチームを応援していきたいという気持ちになった、というような場面を考えると、「スポーツでいいプレーができて喜んでいる人をさらに応援する」というような向社会的行動、さらには「素晴らしい研究成果を上げた大学院生をサポートする」というような向社会的行動もあるように思います。

なお、以上のように、向社会的行動は多岐にわたっています。また、同じ援助場面に出会っても、自分がもっているスキルによって、行える援助行動が異なることも事実です。たとえば、川でおぼれている人を発見した場合、泳ぎが得意な大人は泳いで助けるというような直接的な救助行動をするかもしれませんが、泳ぎが未熟な子どもは近くの大人にその状況を伝えたり、消防署に連絡したりするといった間接的な援助行動が適切でしょう（第7章参照）。

## ●視点取得は善にも悪にもなる

冒頭にあげた事例が示すように、共感は思いやりの気持ちなのですが、その一部の要素だけでは十分な共感とはならず、思いやり行動に至らず相手を攻撃するような反社会的行動に至ることもあります。そうした事例として、ここではいじめの事例をあげます。

## いじめの事例

中学一年生のＣ君は、同じクラスのＤ君を、自らの手は汚さずに自分の仲間を使って間接的に攻撃し、陰湿にいじめているとのうわさがあり、同校のスクール・カウンセラーはその真偽を確かめるために、雑談をしにたびたび相談室にきていた同じクラスのＥさんに話を聴きました。そしてその後の綿密な調査を経て、うわさはほぼ事実であることがわかりました。

得られた情報によると、Ｃ君は家が裕福で、運動がよくでき、クラスのリーダー的な存在でしたが、学業成績が芳しくありません。そして彼の周りには何人かの取り巻きがいました。一方、Ｄ君は明るく、学業成績が良く、周囲のクラスメイトからも好かれるような存在でした。また、Ｄ君は産みの母親を早くに亡くし、それ以後は父親と継母に育てられたとのことです。Ｄ君の父親はＣ君の父親が社長を務める会社に勤務しています。そうした事情から、Ｃ君の両親は自分たちの息子をＤ君と比較し、Ｄ君のように成績が良くなることを強く求めていたようです。このような状況のなかで、Ｃ君はしだいにＤ君に「悪意」を抱くようになったと思われました。

Ｃ君は、Ｄ君が産みの母親や継母のことについて触れられるのを嫌がっていることを鋭く察知し、母親や継母のことをネタに、取り巻きのひとりを使ってＤ君をいじめました。Ｄ君の持ち物に母親を罵る落書きをさせたり、継母の仕事を中傷するような言葉を浴びさせたりしました。自分で手を下さず、取り巻きにやらせるという巧妙ないじめが続いたようです。

この事例では、Ｃ君はＤ君に対して視点取得ができています。すなわち、Ｃ君はＤ君の気持ちをよく理解しており、どうすればＤ君が悲しむかを熟知しています。そして、取り巻きのひとりにＤ君をいじめさせ、D君が悲しむ様子をみて、いい気味だ、もっと悲しませてやろうという気持ちになり、いじめがエスカレートしていったものと考えられます。

すなわち、共感のプロセスにおいて視点取得ができても、向社会的行動には結びつかずに攻撃行動などの反社会的行動につながることもある、ということを理解していただきたいと思います。

それでは、何がこの二つの過程を分けるのでしょうか。

共感には四つの要素とステップがありますが、これらが順当に働いて向社会的行動に至るには、「善意」をもっていることが必要なのです。善意があるからこそ、共感は同情まで進み、そして向社会的行動に至るのです。

一方、いわゆる「悪意」をもっている場合には、いじめの事例で示したように、共感の一部である視点取得までは進みますが、感情の共有を経てかわいそうだという同情には進まず、「いい気味だ」というような感情が生じて、いじめのような反社会的行動に至るのです。共感が向社会的行動に至るのか、それともいじめのような反社会的行動に至るのかは、その人がもっている善意あるいは悪意によるのです。善意と悪意は、「向社会性」と利己性が高じた「反社会性」と言い換えることができるでしょう。こうしたプロセスについては、第2章で詳しく説明します。

最後に、共感や向社会的行動に関連して、将来に期待がもてる研究成果を紹介しておきます。それは、人間は生まれながらに善意をもっている、ということを示す成果です。

1歳半の乳児には、泣いている子をなでるといったやさしい行動がみられますし、2歳の幼児では、泣いている子をなぐさめるために自分の母親を連れてくるというような向社会的行動の萌芽がみられます[2]。本来ならば泣いている子の母親を連れてくるのが適切なのですが、この時期はまだ自分と他者が未分化なため、自分が泣いているときになぐさめてもらえる自分の母親を連れてくるようです。

その後の人生において、望ましい養育や教育がなされれば、人間はおそらく善意に満ちた存在に成長していくのではないでしょうか。発達心理学者としては、このことを多くの方々に知ってもらいたいと思っています。

## ●まとめ

電車のなかで高齢者に席を譲ることに関連した例を二つあげ、思いやりの気持ちである共感（性）と、思いやりの行動である向社会的行動について説明しました。

援助が必要とされる場面では、援助が必要と思われる①相手の存在や相手の感情の変化に気づくこと、②相手の立場になって考えること、③悲しい、苦しいなどの相手と同じ感情を共有すること、④かわいそうだなどの同情が起こること、という共感のプロセスを経て、援助行動などの向社会的行動に至ります。

さらに、向社会的行動は、相手や社会のためになることを意図した自発的な行動ですが、外的報酬を求めない、自己犠牲をいとわないという二つの条件を満たすと、それは愛他的行動と呼ばれ、もっとも思いやりのある行動になります。

最後に、悪意があると共感の一部である先の①と②が生じても、③と④には進まず、いい気味だ、というような卑劣な感情反応が生じて反社会的行動に至ることを、いじめの例で説明しました。

**【文献】**


[1] たとえば、マッセン、P・アイゼンバーグ＝バーグ、N／菊池章夫（訳）（1980）『思いやりの発達心理』金子書房〔Mussen, P., & Eisenberg-Berg, N.（1977）*Roots of caring, sharing and helping: The development of prosocial behavior in children.* San Francisco: W. H. Freeman.〕および、[2]。

[2] アイゼンバーグ、N／二宮克美・首藤敏元・宗方比佐子（訳）（1995）『思いやりのある子どもたち――向社会的行動の発達心理』北大路書房〔Eisenberg, N.（1992）*The caring child.* Cambridge, Mass.: Harvard University Press.〕

[3] たとえば、植村みゆき・萩原俊彦・及川千都子・大内晶子・葉山大地・鈴木高志・倉住友恵・櫻井茂男（2008）「共感性と向社会的行動との関連の検討――共感性プロセス尺度を用いて」『筑波大学心理学研究』36, 49–56.

[4] たとえば、子安増生（2000）『心の理論――心を読む心の科学』岩波書店

[5] 高木　修（1982）「順社会的行動のクラスターと行動特性」『年報社会心理学』23, 137–156.

[6] 高木　修（1998）『人を助ける心――援助行動の社会心理学』セレクション社会心理学7、サイエンス社

# 第2章　思いやりはどのように実現されるのか

## ●フロリダ航空機の墜落事故――ウィリアムズさんの勇気

１９８２年1月13日、雪のワシントンで起きたフロリダ航空機の墜落事故で、機内から氷のはったポトマック川に投げ出された乗客たちのなかに、自分の命を投げ出してまで女性たちを助けようとした男性がいました。

この事故では、フロリダ航空機の遭難を聞いて、もっとも早く駆け付けた救急隊のヘリの操縦士や隊員が、その男性の行動をしっかり記憶していました。彼らのヘリが現場上空にさしかかると、川面に浮いている中年の男性を発見しました。すぐさまヘリを水面スレスレまで降下させ、浮き輪のついた命綱を投げました。この男性はその浮き輪をつかみましたが、自分の近くで浮き沈みしている若い女性に気がつくと、そこまで泳いで行ってその女性に浮き輪を渡しました。こうして彼は最初の救いの手を他人に譲りました。

二度目にヘリが現場に戻ったとき、この男性はまだ浮いていました。再度、浮き輪のついた命綱を投げましたが、この男性はまたも近くの女性にそれを渡しました。二度目の救いの手も他人に譲ったのです。ヘリはこの女性を岸まで運んで同じ場所に戻りましたが、そのときにはいくら川面を探しても、彼の姿を発見することはできませんでした。

事故で収容された遺体のなかで溺死した人はただひとりで、その人の顔を見た救急隊の隊員らは、それが勇気ある先の男性であることを確認しました。彼は、アトランタに住む連邦準備銀行の職員、アーランド・ウィリアムズさん（当時46歳）であることがわかりました。

私は思いやりの研究をするなかでこの事故のことを知り、ニュースの映像で確認することができました。ウィリアムズさんの勇気ある行動によって、二人の女性が救われたわけですが、彼自身は犠牲となってしまいました。私はこの話を新聞で確かめたり、ニュース映像で見たりしているうちに、留学時に感じたアメリカ人がもつ正義感のことを思い出しました。じつはこの正義感、のちに説明する向社会性と関係します。

## ●向社会的行動あるいは利己的行動の生起を決めるもの

第1章では、相手への気づき、視点取得、相手の感情の共有、相手への感情反応（図1-1参照）という共感の一連のプロセスを経て向社会的行動に至る、まさに思いやりが実現する過程について説明しました。そしてつぎに、いじめの事例に代表されるように、認知的共感である気づきや視点取得は生じるものの、情動的共感である相手の感情の共有や同情という相手への感情反応がなく、その代わりにいい気味だ、というような卑劣な感情反応が生じていじめなどの反社会的行動に至る過程も紹介しました。同じ気づきでスタートしながらもこうした違いが生じるのは、向社会的行動の場合には善意が、反社会的行動の場合には悪意があるからという、とても単純な説明をしました。これはこれでわかりやすいのですが、心理学を研究している者としては、ここでもう少し精緻な説明をしたいと思います。

ところで、先に紹介したフロリダ航空機の墜落事故で、自分の命をかけて人命救助をしたウィリアムズさんに、私は強い正義感を感じたと書きました。じつはこの正義感こそ、共感から向社会的行動への流れを作る「善意」のひとつではないかと考えています。アメリカ人の祖先たちは、大変な思いをしてヨーロッパからアメリカ大陸に移住しました。そして少数の人たちで助け合わないと生きていけないような状況が長く続き、そうしたなかで協力し助け合うことが正義の一部であるという強い信念が生まれ、それが何世代にもわたって育まれ伝統のようになり、いまの多くのアメリカ人にも伝わっているように思えます。

私はこの善意に関連するものを、心理学の文献[1]で調べました。その結果、①他者や社会のためになりたいという「向社会性」（表0-2参照）、②他者や社会のためになりたいという欲求である「向社会的欲求」、③善いことをしたいという「道徳性」、さらには、先の墜落事故の話で私が感じたような④正義感などが、この範疇に入るのではないかと判断しました。もしかしたら、このほかにもまだあるかもしれません。こうしたなかで向社会的行動へのプロセスを最終的に開く鍵は『向社会性』であると結論しました。道徳性や正義感では、他者や社会のためになることが善いこと、正しいことと考えて援助行動や応援行動などの向社会的行動に至りますので、重要なのは向社会性であると考えました。

それでは、悪意についてはどうでしょうか。第1章の最後に紹介したいじめの事例では、C君がもっているD君への妬みが悪意につながったのではないでしょうか。悪意についても関連するものを心理学の文献[2]で調べました。その結果、①他者や社会のためではなく、自分ためになることを第一と考えたいという「利己性」あるいは「利己的欲求」、②自分のためになるのであれば、他者や社会にダメージを与えてもよいという「反社会性」あるいは「反社会的欲求」、③先のいじめの事例で悪意と推測された、他者が自分よりも優れている状態をうらやましいと思う気持ちである「妬み」、そして、④他者よりも自分が劣っていると思う「劣等感」などが、この範疇に入るのではないかと判断しました。もちろん、このほかにもまだあるかもしれません。そしてこのなかで利己的行動あるいは反社会的行動へのプロセスを開く鍵となるのは「利己性」、そしてそれが高じた場合に生じる「反社会性」であると結論しました。基本は『利己性』です。妬みや劣等感は、自分が劣位にあることを解消するために自分を利する利己的行動や、利己性が高じることによって生じる反社会性によって相手や社会を害する反社会的行動を生起させる、と考えるからです。認知的共感は生じるものの、情動的共感が生じないで、いい気味だ、というような卑劣な感情反応が生じて利己的行動あるいは反社会的行動に至るには「利己性」が鍵概念と考えました。

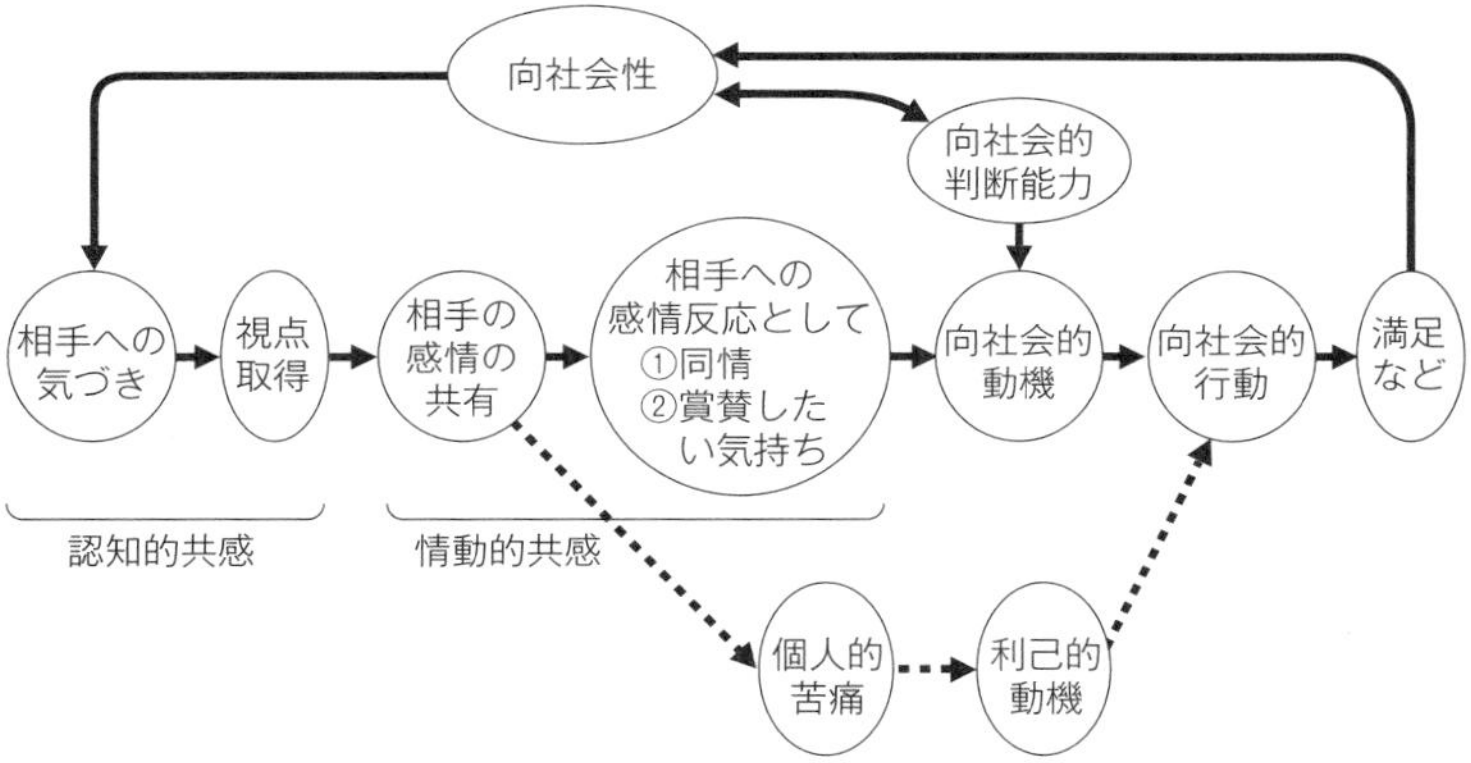


図 2-1　向社会性が強い場合の、
共感から向社会的行動に至るプロセス（仮説）

## ●向社会性が向社会的行動へのかじ取りをする

それでは、共感から向社会的行動に至るプロセスについて、向社会性に注目しながら詳しく説明します。

まず図２−１をご覧ください。この図は、向社会性が強い場合における「共感から向社会的行動に至るプロセス」（仮説）を図示したものです。

このプロセスには、二つの場面が想定されています。ひとつは、援助を必要とする援助場面で、共感から向社会的行動（援助行動）に至るものです。もうひとつは、他者が成功するあるいは良い成績をあげる賞賛場面で、同じように共感から向社会的行動（応援行動など）に至るものです。このあと、それぞれの場面について身近な例をあげて説明しますが、その前に図２−１と第１章に掲載した図１−１の違いを確認しておきます。図２−１には新たに四つの要素が組み込まれ、より詳細なプロセスが提示されています。

一つめの要素は向社会性です。これは先程説明した通りです。二つめは「向社会的動機」で、これは具体的な目標を定めて、その目標を達成するために向社会的行動を起こそうとする動機のことです。一方、それとの対比でもうひとつ「利己的動機」があります。これは、自分のためになる行動を起こそうとする動機です。向社会的行動が生起するプロセスのなかに、なぜ利己的動機が登場するのか、と疑問に思う人もあるかと思いますが、これについてはのちほど説明します。さらにこの利己的動機に影響するものとして「個人的苦痛」もあげられています。これは、援助を必要とする相手の感情を共有したりその場の状況を把握したりした結果、援助をする側の自分がすごく気分が悪くなったり、ひどく辛い思いをしたりして、大きな苦痛や不安を感じることを指します。この要素を共感の一部に含めるかどうかは議論のあるところですが、援助場面で生じる可能性の高い要素なので、ここで取り上げました。

それでは、それぞれの場面について説明をします。

## 援助場面で共感が向社会的行動（援助行動）に至るプロセス

援助場面において共感が向社会的行動（援助行動）に至るケースは、現実的によくみられます。ここでは図2-1に沿って、「会社で同僚である青山さんが本日分の仕事を終えられなくて困っている場面」を想定し説明します。

この場面では、青山さんが本日分の仕事が終えられないで困っていることに気づかないと、このプロセスは始まりません。通常は、同じ職場で退社時刻を過ぎても慌ただしく仕事を続けている同僚がいれば、周囲の人はいつもと異なるその状況に気づくと思われます。

さて、気づいた場合ですが、退社時刻を過ぎてもどうして躍起になって仕事を続けているのか、不思議に思えるでしょう。当然「青山さん、何でそんなに躍起になって仕事をしているのですか」と声をかけたくなります。それに対して青山さんは「課長から急な依頼があって、本日中に処理するように頼まれたのです」と答えました。青山さんのことを気にかけ、できれば彼の力になりたいという向社会性を強くもっていれば、青山さんの立場になって考え、大変だな、と思っている青山さんとほぼ同じ感情を共有するものと考えられます。その結果、青山さんに対して、かわいそうだな、という同情が起こり、その気持ちが中心になって、助けてあげたい、という向社会的動機が形成されます。もちろん助けるのは善いことであるという向社会性判断の影響も受け、援助することが決められますが、どのように援助するかが課題となります。このようなときに検討される要因を、表２-１にまとめました[3]。

表 2-1　向社会的動機の形成に影響するおもな要因

1. 社会化の要因
 ・どんな養育や教育を受けてきたか
 ・どんなスキルを身につけているか　など

2. 状況の要因
 ・危急の事態か
 ・援助者の状態はどうか（気分など）
 ・援助者は自分１人か、それとも複数いるか
 ・自己犠牲（リスク）の程度はどのくらいか　など

3. 援助を求めている人の要因
 ・家族や友人などの親しい人か、それとも見知らぬ人か
 ・子どもか、成人か、高齢者か、障害者か　など

4. 文化的な要因
 ・ことばは通じるか
 ・援助されることをよしとしないか　など

この例に則していえば、援助しようとしている自分に仕事を手伝えるスキルがあるか（仕事はほぼ同じ種類のものなのでそのスキルはある：社会化の要因）、急ぎの仕事か（本日中ということで急ぐ必要がある：状況の要因）、ほかに援助をしてくれる人はいるか（自分を含め二人がそばにいる：状況の要因）、どの程度の自己犠牲を払うのか（自分は友だちと夕食をする約束をしているが、それは延期できる：状況の要因）、援助を必要とする人は親しい人か（同期の同僚で親しくしている：援助を求めている人の要因）といった要因がとくに関係すると考えられます。

そして、このような要因を検討したうえで、たとえば援助者となる自分は「本日中に終わらせなければならない仕事なので、自分は友だちとの夕食を延期して青山さんの仕事を手伝う。さらに、援助することが可能なもうひとりの同僚と相談し、その同僚が援助できるようであれば一緒に手伝う」と決めることになります。ただ、青山さんがこのような対応をよしとするかどうかを確認する必要もあります。なぜならば、人によってはプライドが高く、援助されることを好まない人もいるからです。青山さんが援助されることを承諾することを確かめたうえで、実際に援助をすることになるでしょう。この場合はそれなりの時間がありますので、こうした対応が可能と思われます。もちろん、即座に対応しなければならない場合にはこうした対応はできません。

本日中に仕事が無事終われば、援助できたことに満足し、これからも同僚らを助けたいという向社会性は高まるでしょう。さらに青山さんは援助してくれた二人に感謝し、三人の人間関係はさらに深まることが予想されます。青山さんはもしこの二人に同じような事態が生じた場合には、積極的に援助したいという気持ち（向社会性）になると予想されます。自分の思いやりは、相手に思いやりを育むことになるでしょう。

なお、最近は進化学の影響を受けて、対人関係の濃さのあり方の観点から、向社会的行動の向けられる対象を家族、友だち、見知らぬ他者などに分けて研究が進められています。たとえば、パディラ-ウォーカーとクリスティンセン[4]によると、友だちや見知らぬ他者に対する向社会的行動は、相手への感情的反応のひとつである同情が予測因となりますが、家族に対する向社会的行動では、同情は予測因にはならないようです。すなわち、家族に対する向社会的行動と家族以外の人に対する向社会的行動は、異なる要因によって引き起こされる可能性が高いということです。一方、日本の大学生を対象にした小田ら[5]によると、友だちや家族に対する向社会的行動は情動的共感（同情もその一部）と関係がありますが、見知らぬ他者に対する向社会的行動にはそのような関係がありませんでした。この方面の研究はまだ数が少なく結果に一貫性もないため、今後さらなる研究が急務と思われます。

また神経科学の観点からは、見知らぬ他者を助けることに関連する脳部位と友だちを助けることに関係する脳部位は異なることが示唆されており[6][7]、家族、友だち、見知らぬ他者に対する向社会的行動の生起機序にも違いがあるようです。

## 向社会的行動に利己的動機が作用する点

さて、共感から向社会的行動（援助行動）へ至るプロセス（図2-1参照）のなかで、異彩を放つ部分があります。それは「相手の感情の共有→個人的苦痛→利己的動機→向社会的行動」というプロセスの部分です。とくに向社会的行動に利己的動機が作用する点が不可思議だと思われるでしょう。

この点に注目して、こうしたプロセスについて例をあげて説明します。なお、ここでいう向社会的行動とは、結果的に他者に利することになるという意味で本来は利他行動にあたります（表0-3参照）。

たとえば、先の例で青山さんがストレス等で呼吸が亢進して換気量が増大し、その結果血中炭酸ガスが減少してアルカローシスをきたした状態とされる「過呼吸」を起こしやすい体質であることを同僚が知っていたと想定してみましょう。

この場合には、青山さんの大変だという感情を共有するとともに、過呼吸のことが懸念されます。その結果、同情もさることながら、もしこのままにしていたら青山さんは過呼吸になって、それこそ大変な事態になるのではないか、そうなったら自分はどうしようと動揺したり大きな不安や苦痛を感じたりするのではないでしょうか。そのような大きな不安や苦痛を「個人的苦痛」といいます。このようなケースでは、その個人的苦痛を払拭し自分が安堵することを一義的に考え、すなわち利己的動機によって青山さんの仕事を手伝うかもしれません。これは利己的動機による援助行動ですが、結果的に青山さんのためになる向社会的行動（利他行動）になるわけです。もちろん先の説明の通り、他者のためになることを意図して行う向社会的行動ではありません。

こうしたプロセスについて長年研究を続けてきたのは、アメリカの社会心理学者バトソン[7]です。とても巧みな実験[8]によって実証的なデータを示しています。

## 援助者の数

ちなみに、表2-1の「2　状況の要因」には、援助者は自分1人か、それとも複数か、という要素がありますが、この要素に関連するとてもセンセーショナルな事件がアメリカで起こり、その衝撃の大きさからこの要素についての研究が進みました。ここで紹介しておきます。

その事件とは「キティ・ジェノヴィーズ事件」です。とても有名な事件なので、ご存知の方もいるかもしれません。１９６４年3月13日の早朝、ニューヨークのアパート街でキティ・ジェノヴィーズという女性が暴漢に襲われ殺害されました。警察の調べによると、38名もの目撃者がいたにもかかわらず、誰ひとりとして助けなかったというのです。殺される寸前の悲鳴を聞いて電話で警察に連絡をした人はいましたが、それまでは誰ひとり、警察へも連絡をしませんでした。彼女は30分以上も助けを求めた続けた末、とうとう暴漢に刺され殺されてしまいました。助けようとすれば助けられたはずなのに、どうして多くの目撃者が助けようとしなかったのでしょうか。

当時は「冷淡な都会人」というような表現で都会人の冷たさが話題になったようです。その後の研究によると、目撃者たちは誰かが助けるであろう、誰かが警察等に連絡をするであろうと考えて（「責任の分散効果」という）、自分から援助行動をしなかったと説明されています。都会人が特別に冷淡なわけではないことも実証されました。目撃者が多かったという状況要因が強く影響した事件といえるでしょう。

私はこの事件のことを大学院の社会心理学の授業で知りました。そして、その授業を担当されていた故竹村研一先生らが共同で翻訳されたラタネとダーリーの『冷淡な傍観者』[9]という本を読んで、社会心理学における実験的研究の巧みさや明快さを実感した次第です。

## 賞賛場面での共感が向社会的行動（賞賛行動等）に至るプロセス

さて、援助場面での説明が終わりましたので、つぎは「賞賛場面」での説明に移ります。これも現実的には比較的多いケースになると思います。ここでは「会社の仕事上の功績で後輩の伊部さんが金一封をもらった場面」を想定します。共感や向社会的行動の研究では、こうした成功し賞賛されるような場面はほとんど取り上げられませんでした。しかし私は、これもとても重要な場面であると考えています。

図2-1を再度ご覧ください。まずは、会社の上司が仕事上の功績に対して金一封を与える場合には、授与するイベントがあったり、それがなかったとしても広報等で周知されたりするでしょうから、同僚たちも当然知ることになります。そして、平素から伊部さんの力になってあげたいと思っている向社会性が強い人は、伊部さんの立場になって考え、うれしいと思っているであろう伊部さんとほほ同じ感情を共有することになるでしょう。その結果として、伊部さんはすごい、というような感情反応が生じ、その気持ちが中心になって、祝ってあげようとか、応援してあげようという向社会的動機が形成されます。もちろん、成功した人をさらに応援することは善いことであるという向社会性判断の影響を受けて向社会的動機が形成されますが、その際にはどのように応援するのが適当か、などの応援の方法についても決めることになります。ただ、まずはできるだけ早く「おめでとう。これからも頑張れよ、応援するよ！」という賞賛の言葉をかける、といった向社会的行動が起こると思いますが。

さらに表2-1を参考にすると、つぎのような要素に配慮して別の向社会的行動も起こるかもしれません。それは、どういう方法でさらに応援してあげたいか（自分にも同じような機会があり、そのときは親しい人にお祝いの会を開いてもらったので、今回もそうしたい：社会化の要因）、応援してくれそうな同僚はほかにいるか（三名の同僚が協力してくれそうだ：状況の要因）、自己犠牲はどの程度か（多少の出費はあるが、参加してくれる人を募り、会費形式にすれば大丈夫ではないか：状況の要因）などの要因を考慮して、「後日、同僚三名と自分が主催者となり、会費形式で、伊部さんの受賞を祝う会をする」ことが実現するかもしれません。応援する人自身はこのような対応に満足できれば、向社会性がさらに培われます。また、このような対応によって伊部さんは、さらに仕事に励み、必要な場合には職場の同僚を助けたり賞賛したりすることで、職場の人間関係もより良好なものになることが期待できます。

なお、第4章で詳しく説明しますが、個人差としての共感である共感性の研究では、援助場面よりも賞賛場面における情動的共感性の程度のほうが、向社会的行動のひとつである援助行動をより強く予測する要因になることが明らかになっています。すなわち、賞賛場面で「～さんは、すごいね」といった賞賛の気持ちが自然に湧く人は、援助場面でも向社会的行動（援助行動）をしやすい人である、ということです。

## ●利己性が利己的行動へのかじ取りをする

本節では、共感の一部から反社会的行動を含む利己的行動に至るプロセスについて詳しく説明しま

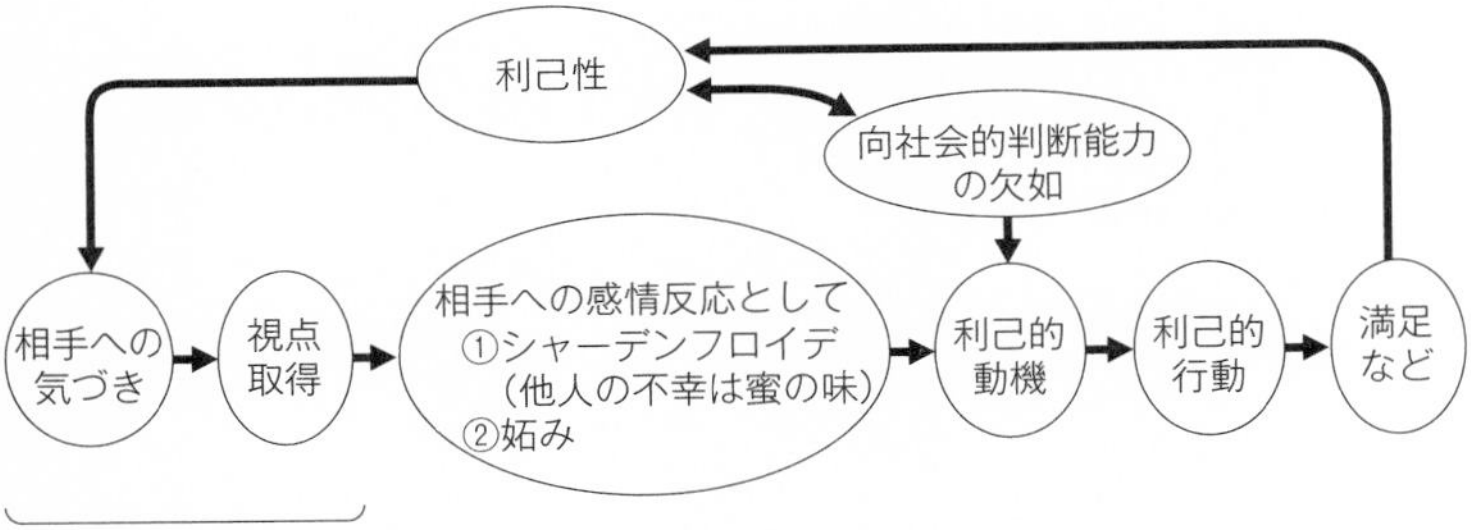


図 2-2　利己性が強い場合の、
共感から利己的行動に至るプロセス（仮説）

す。なお、ここでの説明には、反社会性や反社会的行動などのネガティブな表現が多く登場しますので、ナイーブな方は気分を害されないようにご注意ください。

まず図2-2をご覧ください。この図は、「利己性」あるいは利己性が高じた場合に生じる「反社会性」が強い場合の「共感から利己的行動に至るプロセス」（仮説）を図示したものです。

このプロセスにも、二つの場面が想定されています。ひとつは援助を必要とする援助場面で、共感の要素である認知的共感から始まり、いい気味というような感情、他者のためではなく自分のためになることをしたいという利己的動機を経て利己的行動に至り、その行動に満足すれば利己性が強まるというプロセスです。

もうひとつは、他者が成功して本来ならば賞賛するような賞賛場面で、右記と同じように認知的共感から始まり、相手の成功を妬んで、相手のためではなく自分のためになることをしたいとの利己的動機を経て利己的行動に至り、その行動に満足すれば利己性が強まるというプロセスです。

それぞれの場面について身近な例をあげて説明します。ここでの例は前節と比較ができるように前節と同じ例にします。

ただ、その前に、図2-2と前節で掲載した図2-1との違いを簡単に確認しておきます。大きく異なるのは二点で、ひとつは相手の感情の共有がない点です。相手の感情の共有は情動的共感の最初のステップですので、情動的共感が成立しないことを意味します。二つめは、相手への感情反応として「シャーデンフロイデ」あるいは「妬み」があげられている点です。シャーデンフロイデとは、他人の不幸を喜ぶ気持ちで、よく使われるフレーズでいえば「他人の不幸は蜜の味」ということです。この二点のほかにも、単純に図2-2と図2-1を比べると、向社会性は利己性に、向社会的動機は利己的動機に、向社会的行動は利己的行動になっている点も異なりますが、これらは前提としての違いですのでここで説明はしません。

## シャーデンフロイデを感じて利己的行動に至るプロセス

援助場面において共感の一部を経て利己的行動に至るケースは、現実的には少ないと思います。ここでは前節と同じ「会社で同僚が本日分の仕事が終わらなくて困っている場面」を想定し、利己的行動に至るプロセスを図2-2に沿って説明します。

まず、この場面では、同僚の青山さんが本日分の仕事が終わらないと困っていることに気づかないと共感のプロセスは始まりません。もちろん、同じ職場の青山さんが退社時刻を過ぎても忙しそうに仕事を続けていれば、周囲の同僚は気づくはずです。しかし、もし気がつかない振りをしているようであれば、その人は青山さんに対して劣等感や妬みがあり、相手が辛ければ放っておけばよいし、あわよくば相手にもっとダメージを与えてやりたいというような利己的な気持ち（利己性）を強くもっているることが想像されます。

気づいたあとは、退社時刻を過ぎても躍起になって仕事をしている青山さんに「何でそんなに仕事をしているの？」と声をかけるところですが、利己性が強い場合には、おそらく自分ではなく他の同僚が質問するのを待つか、もし自分ひとりしかその場にいないのであれば、仕方なく声をかけるでしょう。そしてその質問に対して青山さんは「課長から急な依頼があって、本日中に処理するように頼まれたのです」と答えます。

利己性が強ければ、青山さんの立場になって考えても、大変だ！という相手の感情を共有する可能性は低く、青山さんは大変な状態で、いい気味だ！というようなシャーデンフロイデが現れるものと予想されます。そして、その感情が中心になって、このまま放っておけば青山さんは疲れて過呼吸になったり仕事に支障がでたりして、自分のほうが早く昇進できるであろう、だから放っておこうというような、援助をしない利己的動機が形成されます。もちろん、向社会的判断能力が低いか麻痺しているので、向社会的行動へと変更するようなことは起きません。自分の利益になるように青山さんの仕事をわざと手伝わない、さらには青山さんにさらなるダメージを与えるように翌日もっと多くの仕事を押し付ける、というような利己的行動（一部は反社会的行動）に至り、その行動がうまく運んで満足すると利己性が強められることになります。

ただ、そのときの状況要因によって、どのような行動がとれるのかは検討されるでしょう。少々複雑ですが、たとえば、援助しようとする同僚がいる場合には、形式的にでも援助をすることになるかもしれません。自分だけが援助しないで職場ののけ者にされるのはいやだと考えた場合にはそうするでしょう。ただ、援助の質が良いかどうかは疑問です。利己性が強い場合には、そうした状況でも何らかの理由（例：きょうは恩師との夕食会の約束があるから）を作って、先に退社することもあるでしょう。そうすることで自分が嫌いな青山さんに援助しなくてすみます。さらに、同僚がそばにいない場合には、先程と同様の理由などを作って退社し、誰も青山さんを援助しない状況を作り、青山さんのダメージを継続させたり、あるいはダメージを大きくしたりすることをもくろむかもしれません。さらにさらに、同僚が、あるいは同僚と一緒に自分も援助することになり何もダメージが与えられなかったときには、後日、そうした同僚に対して「青山さんは、ほんとうはすごく能力のある人だから、そんなに助けてあげなくてもいいし、彼にとっては余計なお節介だ」などと言って、将来的に同僚の青山さんに対する援助行動を抑制するような働きかけをするかもしれません。

さて、こうしてみてくると、「会社で同僚が本日分の仕事が終わらなくて困っている場面」といった例は、基本的に援助を必要とする場面なので、その場での利己的行動はともかく、反社会的行動をすることははばかられるように思います。援助をしないあるいは何もしないということによってダメージを継続させることが関の山ではないでしょうか。ただそれゆえに、こうした援助場面では周囲の人がうまく配慮すれば、利己性や反社会性の強い人の悪意のある行動は阻止できると考えます。

なお、シャーデンフロイデ（Schadenfreude）という言葉ですが、適当な日本訳がみつかりませんでした。心理学の文献でもドイツ語のカタカナ書きである「シャーデンフロイデ」が使われているようです。

## 妬みによって利己的行動に至るプロセス

賞賛場面において共感の一部を経て利己的行動に至るケースは、現実的にはきわめて少ないと思います。ここでは前節と同じ「会社の仕事上の功績で後輩の伊部さんが金一封をもらった場面」を想定し、利己的行動に至るプロセスを図2-2に沿って説明します。

このような場合には、それを祝うイベントがあったり、広報等で周知されたりしますので、同僚たちはそのことに気がつくはずです。そして、そうした知らせを伊部さんとともに喜べない人もいることは確かです。とくに伊部さんよりも少し前に入社し、同じ課で仕事をしているような同僚のなかには、伊部さんが受賞できるなら俺だって、あるいは俺のほうが先だ、と思う先輩もいるでしょう。このような気持ちがさらなる努力につながればよいのですが（「良い妬み」といわれます）、そうでない場合もあり、伊部さんに対する悪い妬み（自分よりも優れていることをうらやましく思う気持ち）が強い場合には、伊部さんの立場になって考えても、うれしい、という相手の感情を共有する可能性は低く、「うらやましい、俺じゃなくて何で伊部さんが受賞するのだ」というような感情が生まれると予想されます。そしてそうした妬みの感情が中心になって、伊部さんの仕事を害するようなことをしたい、あるいは伊部さんの名誉を傷つけるようなことをしたい、というような利己的動機（この場合には、むしろ反社会的動機といえるでしょう）を経て、それが実際に利己的行動や反社会的行動となり、その行動に満足すれば、利己性や反社会性が強められると考えられます。

具体的な利己的行動や反社会的行動としては、後日、伊部さんがミスをするようにむずかしい仕事を回したり、伊部さんがじつは鼻高々で同僚のことをアホ呼ばわりしているというわさを流したりするようなこともあるのではないでしょうか。

なお、本節で説明したシャーデンフロイデや妬みについては、近年研究が盛んになっています。詳しいことを知りたい方は、中野・澤田[10]やスミス[2]をお読みください。とくに妬みには「良い妬み」と「悪い妬み」があります。[11]よい妬みの場合には他者をうらやましく思いながらも「自分ももっと頑張ろう」とポジティブに対応できますが、悪い妬みの場合には、他者をうらやましく思うがゆえに「自分が優位に立つために他者にダメージを与えてやろう」と、ネガティブそしてときには反社会的に対応します。今回扱っている妬みは、後者の悪い妬みのほうです。

## ●もっとも伝えたいこと

本章では、共感を中心にして、共感から向社会的行動に至るプロセスと、認知的共感から始まるものの利己的行動に至るプロセスを、かなり単純化したモデルを作成して説明しました。現実のプロセスはもっと複雑かもしれませんが、このような単純化した説明によって、①共感から向社会的行動に至るには向社会性という他者や社会のためになりたいという志向性が重要であること、②認知的共感だけでは思いやり行動としての向社会的行動には至らないことがあり、その場合には利己性や反社会性という自分の利益になることをしたい、自分の利益のためには他者にダメージを与えても構わないという志向性が強いこと、を理解していただきたいと強く願っています。もちろん、向社会性は向社会的欲求と、利己性は利己的欲求と置き換えてもほぼ同じですが、こうした志向性や欲求が共感に始まる社会的行動の行きつく先を大きく左右することになるわけです。また、共感は援助場面だけでなく、他者の成功を賞賛するような賞賛場面でも働くことを十分に理解してほしいと思います。

本章では、サラリーマンの仕事場面を例にして説明をしてきましたが、子どもの学校や家庭における対人場面ではどうでしょうか。子どもとくに小学生は、成長・発達の途上にありますので、発達の要因を検討することがとても重要です。そこで次章では、そうした思いやりの発達について説明します。

## ●まとめ

思いやりの気持ちである共感の働きについて、モデル（図2-1と図2-2を参照）を提示し、都合四つのケースで説明しました。

一つめは援助場面で、共感としての相手への気づき、視点取得、相手の感情の共有、相手への感情反応である同情を経て、向社会的動機そして向社会的行動（おもに援助行動）へと進むこと（図2-1参照）、ならびに他者や社会のためになりたいという向社会性がこのケースでは大事な要因であることを説明しました。さらにこのような援助場面では個人的苦痛という、自分が動揺し大きな不安や苦痛を感じる状態になることもあり、これが生起した場合には、その不安や苦痛から解放されるために利己的な行動をとり、その行動は結果的に相手のためになる行動（利他行動）であることも説明しました。

二つめは、他者が成功して賞賛されるような場面で、一つめとほぼ同じプロセスを経て向社会的行動に至る過程を説明しました。

三つめは、前二者のケースとは対照的に利己性や利己性が高じ他者にダメージを与えようとする反社会性が強いとき、援助場面では共感の一部である認知的共感は起こっても、相手の感情の共有と同情といった情動的共感は起こらず、シャーデンフロイデが生起し利己的あるいは反社会的動機が形成され、利己的あるいは反社会的行動に至るプロセスを説明しました（図2-2参照）。

四つめは、三つめのモデルを賞賛場面に適用したケースです。

なお、いずれのケースでも、向社会的行動や利己的あるいは反社会的行動の出来栄えに満足すると、向社会性や利己性あるいは反社会性が強められることになります。

従来、心理学で共感は援助場面でしか作用しないかのように扱われてきましたが、本章では、相手が成功して賞賛されるような場面でも同じように共感が働くことをモデルで示せたこと、さらに向社会性や利己性といった要因を加えて当該モデルの精度を高めたことがセールスポイントだといえるでしょう。

**【文献】**

［1］たとえば、バトソン、Ｃ・Ｄ／菊池章夫・二宮克美（訳）（2012）『利他性の人間学――実験社会心理学からの回答』新曜社〔Batson, C. D. (2011) *Altruism in humans*. New York: Oxford University Press.〕

[2] たとえば、スミス、R／澤田匡人（訳）（2018）『シャーデンフロイデ――人の不幸を喜ぶ私たちの闇』勁草書房〔Smith, R. H. (2013) *The joy of pain: Schadenfreude and the dark side of human nature.* Oxford: Oxford University Press.〕

[3] 菊池章夫（2014）『さらに／思いやりを科学する――向社会的行動と社会的スキル』川島書店

[4] Padilla-Walker, L. M., & Christensen, K. J. (2011) Empathy and self-regulation as mediators between parenting and adolescents, prosocial behaviors toward strangers, friends, and family. *Journal of Research on Adolescence,* 21, 545–551.

[5] 小田　亮・大めぐみ・丹羽雄輝・五百部裕・清成透子・武田美亜・平石　界（2013）「対象別利他行動尺度の作成と妥当性・信頼性の検討」『心理学研究』84, 28–36.

[6] Krienen, F. M., Tu, P., & Buckner, R. L. (2010) Clan mentality: Evidence that medial prefrontal cortex responds to close others. *Journal of Neuroscience,* 30, 13906–13915.

[7] Rameson, L. T., Morelli, S. A., & Lieberman, M. D. (2012) The neural correlates of empathy: Experience, automaticity, and prosocial behavior. *Journal of Cognitive Neuroscience,* 24, 235–245.

[8] たとえば、Toi, M., & Batson, C. D. (1982) More evidence that empathy is a source of altruistic motivation. *Journal of Personality and Social Psychology,* 43, 281–292.

[9] ラタネ、B・ダーリー、J／竹村研一・杉崎和子（訳）（1977）『冷淡な傍観者――思いやりの社会心理学』ブレーン出版〔Latane, B., & Darley, J. M. (1970) *The unresponsive bystander: Why doesn't he help?* New York: Appleton-Century Crofts.〕

[10] 中野信子・澤田匡人（2015）『正しい恨みの晴らし方――科学で読み解くネガティブ感情』ポプラ新書、ポプラ社

[11] 澤田匡人・藤井　勉（2016）「妬みやすい人はパフォーマンスが高いか？――良性妬みに着目して」『心理学研究』87, 198–204.

# 第3章　思いやりはどのように発達するのか

## ●子どもの思いやりは大人と違うのか

　第1章では、思いやりの気持ちである共感と、思いやりの行動である向社会的行動、それに向社会的行動とは対極に位置する利己的行動について説明し、第2章では、共感から向社会的行動や利己的行動に至るプロセスをモデル化して示しました。このモデルでは、向社会性や利己性といった新たな要素を加え、向社会性が強い場合には、援助が必要とされる援助場面だけでなく、物事で成功したり高い達成をしたりして賞賛されるような場面でも共感がしっかり働き、向社会的行動に至ることを示しました。一方、利己性が強い場合には、いずれの場面でも向社会的行動にはほぼ至らず、利己的行動や場合によっては反社会的行動に至るプロセスを示しました。

　ただ、こうしたモデル化で念頭にあるのは成人です。早くても中学生以上です。心身ともに成長し、感情が豊かで、認知的に高いレベルに達していることがこうしたモデルの前提となっています。中学生以上であればこの前提をほぼ満たすものと考えられます。他方、そうした段階にまで達していない子どもたちは、モデルで示したようなプロセスを順当にたどるとは考えられません。たとえば、少々極端かもしれませんが、2歳児はまだ他者の視点がとれないので、共感から向社会的行動に至ることはほぼないでしょう。また、5歳児になって他者の視点がとれるようになったとしても、援助や賞賛といった場面での社会的スキルが十分に習得されていなければ、適切な向社会的行動には至らないと考えられます。

そこで本章では、子どもの思いやりの発達について、これまでの知見を整理し説明します。ここで説明する思いやりに関連する要素としては、①共感、共感の構成要素として重要視されている②視点取得あるいは役割取得、③向社会的判断（能力）、そして④向社会的行動です。

読者のなかには親御さんや教師、保育者の方もおられるでしょう。思いやりについての発達の様子がわかれば、子育てや保育・教育の場面でとても役立つのではないでしょうか。また、こうした思いやりの発達には興味がないという人でも、一読されればこんなにユニークな実験があるのか、子どもの突飛な行動はこう理解できるのかなど、ポジティブな反応がいただけるものと期待しています。そして、子どもの思いやりの発達に興味・関心をもっていただく契機になればとてもうれしいです。

## ●共感はどのように発達するのか

### 共感という感情の萌芽

共感という感情の芽生えについて、ルイス[1]や黒田[2]を参考に説明します。表情分析の技術が進歩し、新生児（誕生から6か月くらいの子ども）にも複数の感情がみられること、さらに遅くとも1歳までには、基本的な感情（一次的感情）が出そろうこともわかってきました。ここでいう基本的な感情とは、図3-1に示されている、満足、喜び、興味、驚き、苦痛、悲しみ、嫌悪、怒り、恐れの感情です。

ルイス[1]によれば（図3-1参照）、その後も、自己に関する意識や基準やルールの獲得と維持の発達と連動して、より多彩で高度な感情が生まれます。1歳半くらいにな

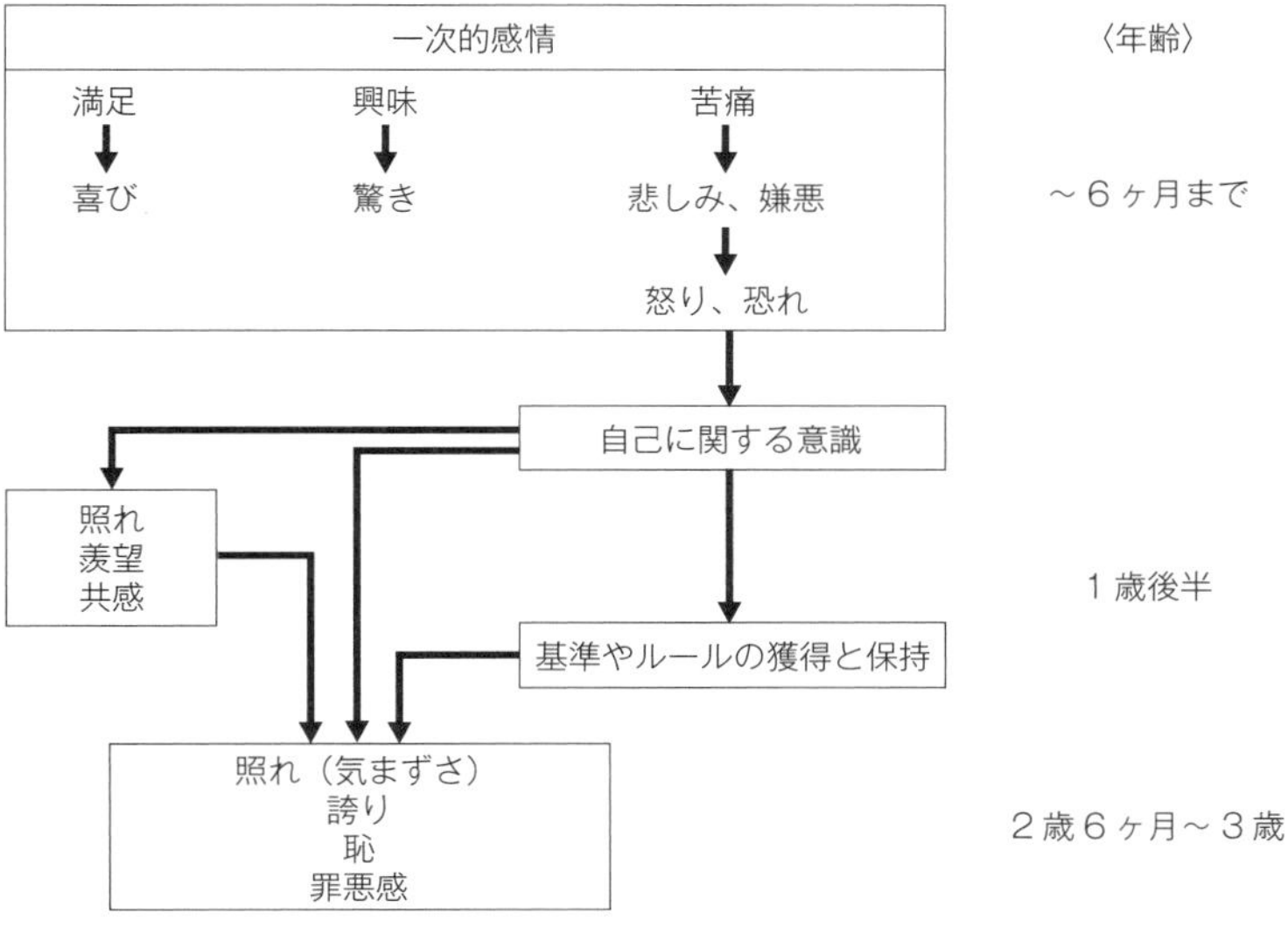


図 3-1　誕生から３歳までの感情の発達
（Lewis, 2000[1]の図を一部改変：黒田, 2010[2]より引用）

ると、照れ、羨望、共感の感情が現れます。いずれの感情も自己に関する意識がないと生まれない感情なので「自己意識的感情」と呼ばれます。

たとえば、困っちゃうな、といった照れの感情は、自分のことで思ってもみなかったことを言われたときに起こる感情です。うらやましいな、といった羨望の感情は、自分にはないものを他の人がもっているときに生じる感情といえるでしょう。

そして共感ですが、ここではかわいそうだな、といった同情を指します。同情は自分ではなく他者に関心を向け、その人の心のなかを推測して生まれる感情です。高度な感情ですが、萌芽はこの時期にあります。もちろん、後述するように4歳くらいにならないと他者の立場に立つことは困難ですし、さらに他者の立場に立てたとしても、他者の考え・感情・欲求などをうまく推測したり、自分に期待されていることを理解したりできるようになるのは10歳前後ですので、そのころにならないと本来の共感としては機能しません。

その後は、3歳までにすべきことやしたいこと（基準）、良いことと悪いこと（ルール）を認識し、こうした基準とルールに照らして、自分の行いの善し悪しを初歩的段階ではありますが判断できるようになります。その結果、すべきことをしなかったときに生じる照れ（気まずさ）、したいことを達成できたときに生じる誇り、すべきではないことをしてしまったときに生じる恥、自分が悪いことをしてしまったときに生じる罪悪感がみられるようになります。このように、ほぼ3歳までに、大人が経験しているほぼすべての感情が生まれてくるようです。

なお、ここで紹介した共感（同情）はもちろんですが、恥や罪悪感といった感情も、成長とともに向社会的行動を動機づけるようになります。たとえば、恥の場合には、恥をかいてそのつぐないとして向社会的行動をすることがあります。また、罪悪感の場合には、悪事を働いたことに対する罪滅ぼしとして向社会的行動をすることがあります。

## 共感の発達

共感という感情の萌芽について説明しましたが、ここでは共感の一般的な発達過程について、共感研究の第一人者である心理学者のホフマン[2][3]が提唱する発達段階説に沿って説明します。彼は発達段階を四つに分けました。

### （1）全体的な共感の段階（生後一年くらいまで）

生まれて間もない赤ちゃんでも、他児が泣くのにつられて泣く現象が起こるため、早い時期から共感らしきものが生まれていると考えられています。また、少し成長すると、他児が苦しんでいる様子を見ると、自分が苦しんでいるときと同じ行動をすることが知られています。たとえば、生後11か月の女児は、転んで泣いている子を見ると、自分がそうしたときにするように、母親のひざに頭をうずめ、親指を加えて泣きだしました。

なお、この段階では自分と他者の区別ができていないため、他者の苦痛に直面して、自分のなかに生じた不快な感情と他者の苦痛とを混同してしまうらしく、厳密な意味で共感が向社会的行動らしきものを動機づけているかどうかは疑問です。

## （2）自分中心の共感の段階（1歳〜2歳くらいまで）

自分と他者の区別がつくようになり、他者が苦しんでいることを理解し、他者に同情的な共感の感情を向け、他者を助けようとする気持ちが生じます。しかし、自分の視点からしか物事が認識できないため、自分の苦痛を和らげるための手段を、他者をなぐさめるために用いるようなことが起こります。ルイスが指摘する共感の萌芽の時期と一致します。

たとえば、生後18か月の男児は、苦しんでいる大人をなぐさめるために、自分がお気に入りの人形を渡すとか、泣いている友だちのそばにその子の母親がいるにもかかわらず、自分の母親になぐさめさせようとする、といった行動がみられます。

## （3）他者の感情に共感する段階（2歳〜9歳くらいまで）

他者の感情や欲求などが自分とは異なる独立したものであることを理解するようになり、すなわち単純な視点取得が獲得され、自分自身の苦痛ではなく他者の苦痛を和らげるための行動をするようになります。

また徐々にではありますが、言葉によって表現された感情を手掛かりに、他者の感情をより正確に理解して（たとえば、泣いているけれどほんとうはうれしい）、共感できるようになります。ただ、共感は実際に自分が相対している人物にのみ生じるようで、その限界も認められます。

興味深い研究があります。浅川・松岡[5]は、小学一、三、六年生を対象に、共感についての発達的な調査を行いました。その結果（図3-2参照）、①男子よりも女子のほうが共感は高いこと、②相手との関係性（仲の良い友だち、仲の悪い友だち、無教示の友だちの三種類）によって共感の程度に違いがあ

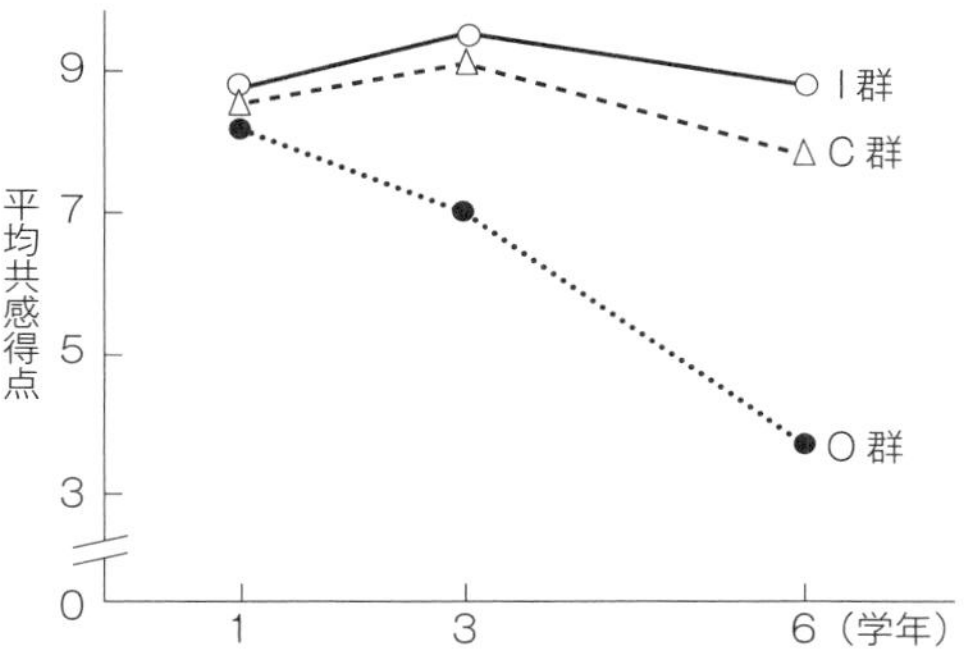


**図3-2　各学年・条件別の平均共感得点**（浅川・松岡, 1987[5]）

注）I群は相手が「仲の良い友だち」、O群は「仲の悪い友だち」のとき、C群は統制群。

り、年齢が上がるにつれてその違いが大きくなること、③とくに仲の悪い友だちへの共感が低くなること、などが見出されました。成長とともに、共感の発生には援助される人の特性が影響するようです。

**（4）他者の一般的な状態に共感する段階（10歳くらいから）**

大人と同じように、より一般化された他者に対しても共感できるようになります。新聞や雑誌を読んだり、テレビを見たりして知った海外の貧しい人や戦争の犠牲になった人たちに対しても共感が成立し、援助を行うことができるようになります。その結果、ボランティア活動も活発になります。

以上、共感の発達についてその概要を紹介しましたが、ホフマンの説は私が考えるよりも少し早い段階設定になっていると思います。実際はもう少し遅いのではないでしょうか。

さて、この説で特筆すべきことは、視点取得能力が発達すると共感（おもに同情）が全体として機能するようになり、向社会的行動もより適切なものになっていくことです。そして視点取得能力の発達からすると、小学校高学年くらいまでには共感がしっかり機能し、おそらく中学生になれば、向社会的行動をうまく動機づけられるようになると考えられます。

## ●視点取得や役割取得はいつごろ獲得されるのか

### 視点取得は4歳くらいで獲得される

近年、共感というプロセスのなかの一要素である視点取得については「心の理論」として研究が盛んになっています。ここでは、この視点取得についての巧みな実験とその結果について説明します。もちろん、どんな研究にも批判はつきものですが。

先の共感に関するホフマンの発達段階説では、他者の視点に立って考えることができるのは、2歳～9歳とかなりの幅がありましたが、心の理論の研究では、4歳になると他者の視点をとれることがわかってきました。それは「サリーとアンの課題」やこれに類した課題を用いた実験に基づいています。

そこで、サリーとアンの課題を図3-3[6]に示しました。課題の提示方法は、このような絵カードを用いた方法でも、人形を使った寸劇のような方法でもかまいません。かなりの注意力は必要とされますが、以下のような文章を読み上げる方法[7]でも可能と考えます。

これはサリーです。
サリーは、カゴをもっています。
これはアンです。
アンは、箱をもっています。
サリーは、ボールをもっています。
サリーは、ボールを自分のカゴに入れました。
サリーは、外に散歩に出かけました。
アンは、サリーのボールをカゴから取り出すと、自分の箱に入れました。
さて、サリーが帰ってきました。
サリーは自分のボールで遊びたいと思いました。
サリーがボールを探すのは、どこでしょう？

図 3-3　視点取得を判定する実験 ── サリーとアンの課題
（Frith, 1989[6]をもとに作成）

まず、実験者は実験協力者である幼児に対して、つぎのような話をします。

①サリーとアンが、部屋で一緒に遊んでいます。

②サリーは、ボールをカゴのなかに入れて部屋を出て行きました。

③サリーがいない間に、アンがそのボールを箱のなかに移しました。

④サリーが部屋に戻ってきました。

この話を終えた段階で、実験者は実験協力者に「サリーはボールを取り出そうとして、最初にどこを探すでしょうか？」と問います。

どうでしょうか。とてもシンプルなお話を用いた巧みな実験ではないでしょうか。もちろん、正解はカゴのなかです。しかし実験協力者である幼児は、サリーが部屋にいないときのアンの行動を知っていますので、視点取得が十分でない幼児は、箱のなかと答えてしまいます。幼児を対象にしたこのような実験の結果、満4歳になるとかなりの子どもが正解でき、7歳までには多くの子どもが正解できるということです。ただ、4歳になって他者の立場に立つことはできても、他者の感情や考え、欲求などをうまく推測することはむずかしいようです。

## 役割取得は10歳前後に獲得される

役割取得能力について精力的に研究を行ったのは、ハーバード大学のセルマン[8]です。彼によると、他者の立場に立って他者の感情や考えを推測したり、さらには自分への要求を理解したりできるようになるのは、もっと遅く10歳前後であるとしています。サリーとアンの課題で測られるのは、他者の立場に立てるかどうか、であって、より高度な視点取得ができるようになるのは、その後さらなる経験が必要です。

たとえば、相手が泣いていれば、多くの5歳児は、相手は悲しいのだと推測しますが、ほんとうはうれしくて涙を流していることもあるわけです。同様に相手が喜んでいても、それは作り笑顔であって、ほんとうは悲しいのかもしれないのです。このような理解には、その状況に至る過程や相手の心の動きを、できるだけ正確に認識したり推測したりする能力やスキルが必要となります。そうした能力やスキルを習得するには、かなりの経験が必要なのです。したがって、小学校に上がってからも視点取得能力は発達し、具体的な場面での共感は10歳前後でほぼ完成すると予想されます。

## 幼児の感情表出の巧みさ

ただし、３歳くらいの幼児でも、他者を欺くような巧みな感情表出ができるようです。

アメリカの心理学者コール[9]は、３歳の幼児を対象に落胆という否定的な感情を他者にどのように表出するか、を検討しました。実験としては、期待はずれのご褒美をもらった幼児が、落胆という感情を実験者に対してどのように表出するかが検討されました。

３歳の幼児は、まず10個のご褒美（キャンディーやガム、幼児が好きそうなおもちゃ、壊れたおもちゃなど）を自分にとって好ましいものから好ましくないものまで順位をつけるように指示され、その通りに順位をつけました。そして、まずある課題に成功すると、もっとも好ましい褒美が与えられました。その後、つぎの課題にも成功するのですが、このときはもっとも好ましくない褒美が与えられました。当然３歳の幼児は落胆するはずですが、この落胆という感情をどのように表出するかが調べられました。

結果は驚くものでした。落胆という感情の表出を抑え、作り笑顔で対応した幼児が多かったのです。また性差も認められ、女児は男児よりもその傾向が強く現れました。この実験によって、３歳児でも否定的な感情の表出を控えられることがわかりました。

ただし、先の説明にもありましたが、４歳で簡単な視点取得はできても、相手の巧みな感情表現（右記の例では、ほんとうは落胆しているが、顔では笑っている）を見抜くことはむずかしいと思われます。

そして自分ができることと、そのときの自分の心の状態を理解することとは別のようです。

## ●向社会的判断能力はどのように発達するのか

第2章で提案した「共感から向社会的行動に至るプロセス」のモデル（図2-1）では、向社会的動機が形成される際に向社会的判断が働きます。こうした判断能力はとくに認知的な発達の制約を受けますが、以下のような方法で測定し、研究が進んでいます。

ここでは、「向社会的ジレンマ課題」への反応によって、向社会的判断のレベルを捉えた研究[10]などの成果を紹介します。

向社会的ジレンマ課題とは、つぎのようなものです。

「水泳の得意な青年が、身体障害で歩けない子どものために、水泳を教えてくれるように頼まれました。水泳の練習によって歩けるようになるかもしれないというのです。その町でこの役が務まるのは彼しかいません。しかし、この依頼を受けると、彼の自由な時間はほとんどなくなります。彼は重要な大会への出場をひかえ、たくさん練習をしたいと思っています。また、十分な練習をしないと大会で優勝できる可能性は低く、大会で優勝できなければ、大学に進学するための奨学金や賞金ももらうことができなくなります。彼はこの依頼を受けるべきか。そしてそれはどうしてか。」

このようなジレンマ課題に対する子どもたちの反応から、向社会的判断に五つの発達段階を設けました。

**（1）自分にもたらされる結果によって判断する段階**（小学校時代）

自分が損をするか得をするかで、向社会的行動（厳密にいえば利他行動）をするかどうかが判断される段階です。まさに利己的な判断の段階といえるでしょう。

**（2）他者の欲求に関心を向けるが、考慮はしないで判断する段階**（小学校時代）

他者の欲求を一応は考慮しますが（言葉で考慮したように言いますが）、実際にはほとんど考慮しないで向社会的行動をするかどうかが判断されます。たとえば、小学三年生の子どもが、隣の家の幼児が自分の家の前で転んでいるのを見たとしましょう。その子は、周囲の人には「かわいそうだから助けてあげないとね」といいながら、ほんとうはその子の母親からのご褒美をあてにして助ける、ということも起こります。

**（3）他者から認められ受け入れられるかということによって判断する段階**（小・中学校の時代）

他者から承認されることや褒められることが、向社会的行動をするかどうかの基準になります。たとえば、クラスメイトに「やっぱり〇〇君はすごいね」といってもらいたくて、誰も立候補しないクラスの係を引き受ける、というようなことです。

**（4）相手の立場を踏まえ、相手の気持ちを考慮したり相手の人間性を尊重したりして判断する段階**

**（中・高校時代）**

おもに共感が、向社会的行動をする基準となります。すでに述べた通り、中学生くらいになると共感が本来の機能を果たすようになります。よって、図2-1のような、共感から向社会的行動に至るモデルが当てはまります。

**(5) 内面化された価値や規範によって判断する段階**（高校時代）

自尊心や内面化された価値に沿って、向社会的行動をするかどうかが判断されます。したがって、見知らぬ人や他国で貧困にあえいでいる人たちに対しても、ボランティアや寄付などの援助行動をすることができます。共感も十分に機能しています。

なお、図3-4[11]には、わが国の幼児から高校生を対象に、このような発達段階がどの程度当てはまるのかを検討した結果が示されています。第四段階は共感に基づいて向社会的な判断がなされる段階ですが、この段階は幼児期から多いようで、日本の子どもは発達が早いようにも思います。ただ、第四段階がメジャーになるのは中学三年くらいからで、この点

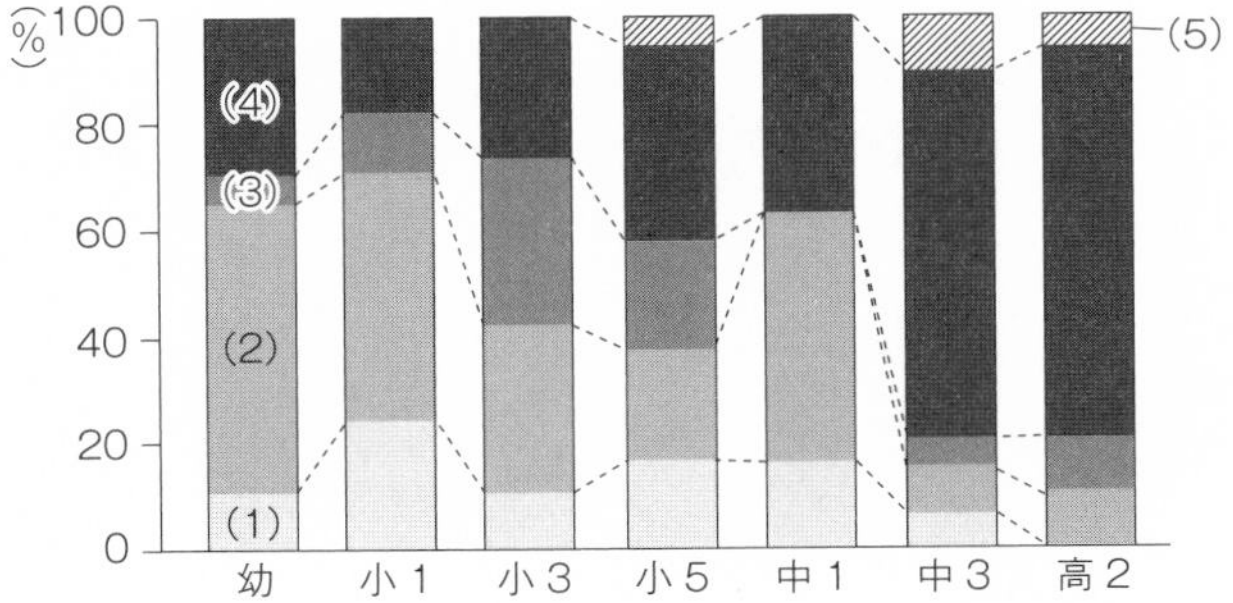


図3-4　向社会的判断の発達（宗方・二宮, 1985[11]を修正）
注）(1)〜(5) は、発達の第一段階から第五段階に対応する。

からみると発達が遅いようにも感じます。11歳～13歳のころには、向社会的判断能力も大人並みになるようです。研究が少ないので、さらなる検討が必要です。

向社会的判断の発達は、向社会的行動をより純粋な愛他的行動へと、質的に変化をさせるために重要な役割を担っています。共感の発達と同様ですが、早ければ小学校の高学年くらいから、他者を助けたいという純粋な気持ちに基づいて判断がなされ、向社会的行動（愛他的行動）が出現するようになります。ただし、内面化された価値や規範に基づくようになるのは高校生以上のようです。

## ●向社会的行動はどのように発達するのか

### 一般的な向社会的行動の発達

最後に、向社会的行動の発達について、濱口[12]を参考に説明します。

#### （1）乳児期（生後二年くらいまで）

生後一年のころは、苦痛を示す他者（泣いている乳児など）に対してなぐさめるような行動がみられます。また、ある研究[13]によると、生後一年半くらいになると、90～100％の乳児に養育者に対する向社会的行動、具体的にいえばテーブルに食器を並べる、散らかっているトランプを箱に片づける、紙くずを捨てる、などがみられるようになるということです。

## (2) 幼児期(2歳から小学校入学前まで)

保育園や幼稚園で幼児の向社会的行動を観察した研究[14]によると、26名の幼児は30時間のうちに1200回もの向社会的行動を行いました。そのうちの60%程度は仲間に対する向社会的行動で、他児に遊具を貸す、物を取ってあげる、机を一緒に移動させる、スモックを着るのを手伝う、泣いている子どもをなぐさめる、などといった行動でした。

## (3) 児童期・青年期前期(小・中学校時代)

グリーンとシュナイダーの研究[15]によると、図3-5に示されているように、5、6歳〜13、14歳までの間に、身近な仲間への援助行動は増える傾向にあります。川島[16]も同様に、寄付、簡単な救助、援助といった向社会的行動を行う児童の割合は小学四年〜六年にかけて増加すると報告しています。

ただ、向社会的行動の種類によっては、そうならないものもあるようです[12]。たとえば、おぼれている人を助け

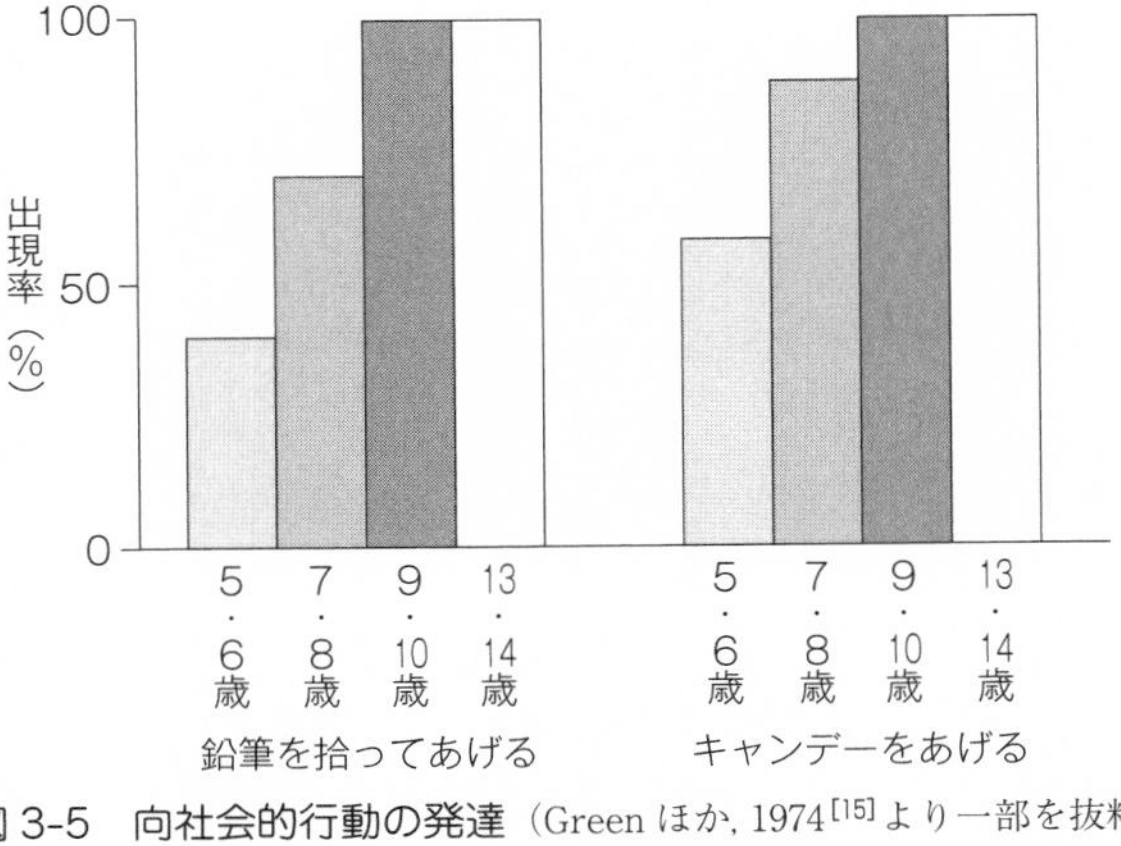


図3-5　向社会的行動の発達(Green ほか, 1974[15]より一部を抜粋)

る、大けがをしている人を助けるといった緊急援助行動は小学生から中学生にかけて減少し、中学生から高校生にかけて増加する傾向がみられました。この原因としては、自分の力不足への懸念、援助行動が周囲の人から望まれていないかもしれないという判断、さらには援助を受ける人を当惑させてしまうかもしれないという心配、などが考えられています。

さらにその後の大規模な研究のレビューや統計解析によると[17][18][19]、一般的な向社会的行動（緊急援助行動などは除く）は児童期よりも、青年期のほうが多いことが確認されました。こうした現象の背後には、すでに説明した通り、児童期から青年期の間に共感[20]やその構成要素である視点取得[21][22]の飛躍的な発達があり、それらが向社会的行動を増加させる重要な要因になっていると考えられます。

ところが、最近の縦断的研究のなかには、児童期中期から青年期にかけて子どもの向社会的行動がいったん減少するとの知見が報告されています。[23][24][25]そのため、このような報告と従来の児童期から青年期にかけて子どもの向社会的行動が増加するという知見を統合する形で、向社会的行動の「バウンスバック」、すなわち向社会的行動はこの時期に一度は減少するものの、ある時点を境に増加に転じるという捉え方、が注目されるようになりました。[23]わが国でもこうした現象に関する研究がなされていますので、のちほど紹介します。

## 向社会的行動の時代的変化

なお、話は少々横道にそれますが、中里[26]は図3-6に示されているように、小学二年生の分与行動と利己的行動を、１９７７年と１９８５年で比較しました。その結果、分与行動は減少し、利己的行動は増加していることがわかりました。
八年間に子どもの向社会的行動が減少し、利己的行動が増加した原因には、いくつかの要因が考えられます。そのなかでも、私たちの社会が利己的行動をかなりの程度許容するようになってきたことが、大きな要因のひとつにあげられると思います。すなわち、経済的に豊かになり、他者のことを考慮したり心配したりする必要がなく、自分のやりたいことやすべきことをしていればよい、というような利己的な風潮が強くなってきて、親の子育てにもそうした風潮が影響し、子どもにも利己的行動が増えてきているのではないでしょうか。

また一方で、経済的には豊かになったものの経済的な格差は大きくなり、妬みというような感情が生起しやすくなっていることも確かでしょう。これも、子どもの利己的行動が増えている、もうひとつの大きな要因のように考えられます。小学二年生ではその影響は少ないかもしれませんが、それでも妬みが生じると、利己的行動が起きやすいと思われます。

現在、中里[26]と同じような調査を行ったとしたら、利己的行動はもっと増えるのでしょうか、それとも近年その重要性が

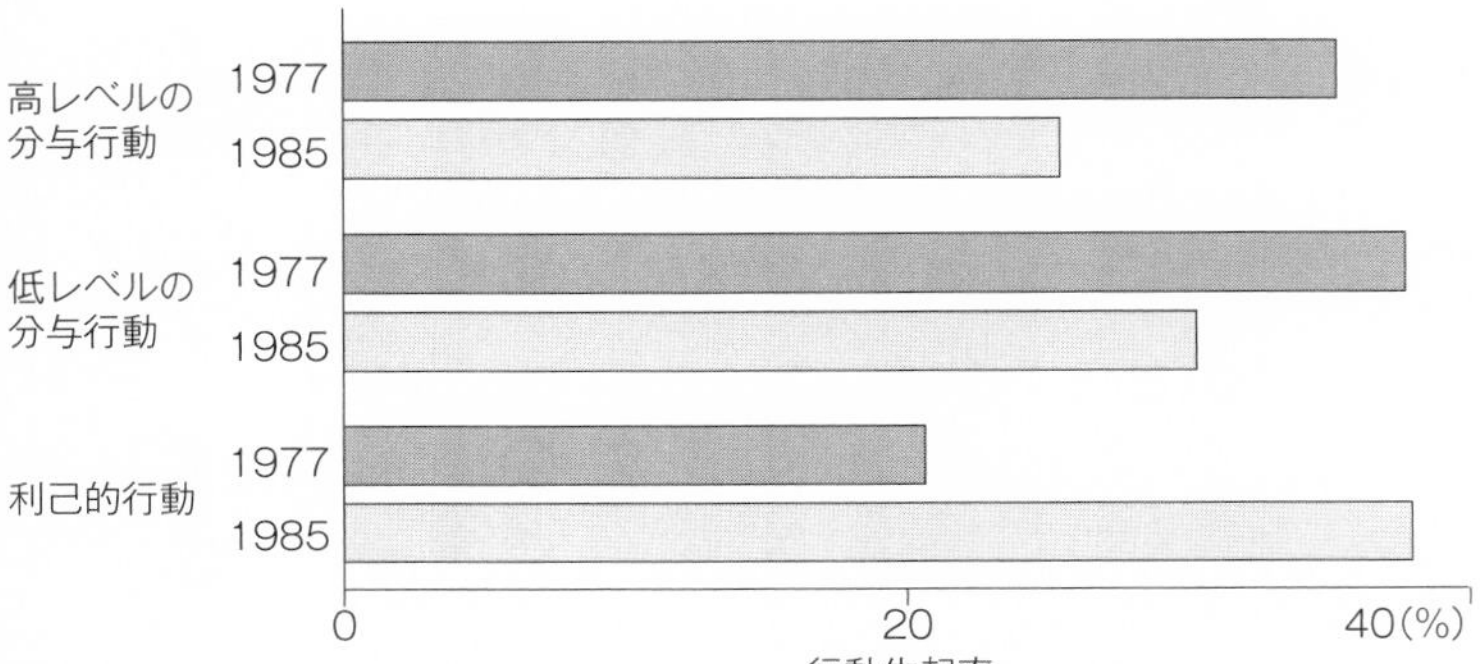


図 3-6　小学 2 年生の分与行動と利己的行動の年代別変化（中里, 1985[26] を改変）

強調されている道徳教育の充実によって、思いやりの気持ちが培われ、その結果として分与行動は増えるのでしょうか。早いうちに調査をしてみたいと考えています。

## 小中学生における対象別の向社会的行動の発達

最近の研究[27][28]によると、相手との関係性や親しさの違いによって、向社会的行動を行う頻度が異なることが明らかになっています。

たとえば、村上らは[27]、小学四年生～中学三年生１０００名以上を対象に、①見知らぬ人、②友だち、③家族といった対象別に向社会的行動を測定する質問紙を開発しました。分析の結果、対象別の質問項目はみごとに三つのグループに分かれ、さらにその平均頻度得点には大きな差があり、友だち（2・94）、家族（2・82）そして見知らぬ人（1・90）という順でした。

ただ、対象ごとに項目内容が異なるため、この結果は単純には比較できません。そして、家族と友だちへの向社会的行動には、従来通り女子のほうが男子よりも多いという結果が認められました。さらに、家族と友だちに対する向社会的行動には学年の進行とともに減少するという、これまでの欧米における一般的な結果[17]と異なる結果も見出されました。後者の結果は、わが国における二宮の結果[29]と同じでした。

家族と友だちに対する向社会的行動が学年の進行とともに減少するという結果を受けて、西村ほかは[28]、小学四年生～中学三年生１８００名ほどを対象に、対象別の向社会的行動尺度を[27]、一年の間隔をおいて二回実施し、その変化を検討しました。いわゆる縦断的研究を行いました。

分析の結果、三つの向社会的行動の合計頻度得点によって全体的な傾向をみると、中学二年生を挟んで、それまでは向社会的行動が減少し、その後は増加するという傾向、いわゆるバウンスバックが認められました。さらに分析を進めると、見知らぬ人および友だちを対象とした向社会的行動にバウンスバックが認められました。家族については、減少傾向は認められましたが、中学二年生以降の増加傾向はみられませんでした。

こうした最近の研究をまとめると、向社会的行動は対象との関係性や親しさの違いによってその頻度が異なることがわかってきました。ただ、バウンスバックがどうして生じるのかについては、はっきりした理由がわかっていません。わが国の場合には、おそらく中学二年生くらいになってようやく、向社会的判断が外発的なものから内発的なものに移行し、共感の機能が十全に働くようになるから[1]ではないかと、西村ら[28]は考察しています。なお、わが国における研究がきわめて少ないため、今後のさらなる研究が必要です。

## ●いつから、思いやりのメカニズムは大人と同じように働くのか

共感の研究からは、小学校の高学年、遅くとも中学生になれば、大人並みのメカニズム、すなわち共感から向社会的行動に至るプロセスがうまく働くものと考えられます。向社会的判断の発達研究からは、それよりはやや遅れて大人並みになるものといえます。それは向社会的行動の研究でも同様で、バウンスバックというような現象が確認されはじめており、これが確かであれば、本格的に大人並み

になるのは中学二年生くらいからであると考えられます。

また、共感の研究にしろ、向社会的判断の研究にしろ、さらには向社会的行動の研究にしてもそうですが、多くは欧米での研究であり、わが国での研究は少ないといえます。わが国の子どもを対象とした研究の蓄積が必要であるのですが、じつは、発達心理学における思いやりの研究はすでに一山を越えた感があり、今後それほど多くの研究は望めないかもしれません。それでも、進化心理学や脳神経科学の研究の発展に刺激され、思いやりの発達研究もさらなる進化が求められていると感じます。私はこれからも研究を続けます。

## ●まとめ

共感という感情（おもに同情）は、生後1歳半くらいに芽生えます。そして、共感の認知的要素として重要視されている、相手の立場に立てるという視点取得は、「心の理論」の研究によれば4歳から7歳くらいには獲得されます。ただ、この時期はまだ初歩的な段階であり、その後の発達や経験を通して、小学校高学年のころにはより高次の視点取得である、相手の立場に立ってその人の心の状態を推測できる役割取得が獲得され、共感の感情的要素である同情などとともに、大人とほぼ同じ段階に達します。すなわち、共感がひとつのプロセスとして働くようになります。

向社会的判断能力の発達では、各発達段階の年齢幅が大きいのですが、目安としては中学生くらいから大人に準じた判断ができるようになるようです。

最後に向社会的行動の発達をみると、児童期から青年期へと向社会的行動はしだいに増加するという従来の捉え方から、一度減少して増加に転じるというバウンスバックの現象が報告されたことに伴い、子どもから大人並みになるには一度立ち止まる時期が必要であり、その後再び増加するという新たな捉え方に変わってきています。日本では、その境が中学二年生くらいのようです。

結論としては、思いやりの機能が十全に働くようになるのは、早くて小学校高学年のころ、遅くても中学校の中ごろである、といえるでしょう。

**【文献】**


[1] Lewis, M.（2000）The emergence of human emotions. M. Lewis, & J. M. Havilland-Jonse（Eds.）, *Handbook of emotions*（2nd Edition）. New York: Guilford Press. pp.265-280.

[2] 黒田祐二（2010）「第5章　感情と動機づけの発達」櫻井茂男（編著）『たのしく学べる最新発達心理学――乳幼児から中学生までの心と体の育ち』図書文化社 pp.87-106.

[3] Hoffman, M. L.（1987）The contribution of empathy to justice and moral judgement. In N. Eisenberg, & J. Strayer（Eds.）, *Cambridge studies in social and emotional development. Empathy and its development.* New York: Cambridge University Press. pp.47-80.

[4] ホフマン、M・L／菊池章夫・二宮克美（訳）（2001）『共感と道徳性の発達心理学――思いやりと正義とのかかわりで』川島書店〔Hoffman, M. L.（2000）*Empathy and moral development: Implications for caring and justice.* Cambridge: Cambridge University Press.〕

[5] 浅川潔司・松岡砂織（1987）「児童期の共感性に関する発達的研究」『教育心理学研究』35, 231-240.

[6] フリス、U／冨田真紀・清水康夫（訳）（1991）『自閉症の謎を解き明かす』東京書籍〔Frith, U.（1989）*Autism: Explaining the enigma.* Oxford, U.K.: Cambridge, Mass., U.S.: A.Basil Blackwell.〕

[7] 小林　真（2010）「第7章　人間関係の発達」櫻井茂男（編著）『たのしく学べる最新発達心理学――乳幼児から中学生までの心と体の育ち』図書文化社 pp.125–142.
[8] Selman, R. L.（1976）Social-cognitive understanding. In T. Lickona（Ed.）, *Moral development and behavior.* New York: Holt, pp.299–316.
[9] Cole, P. M.（1986）Children's spontaneous control of facial expression. *Child Development,* 57, 1309–1321.
[10] アイゼンバーグ、N＆マッセン、P／菊池章夫・二宮克美（訳）（1991）『思いやり行動の発達心理』金子書房〔Eisenberg, N., & Mussen, P.（1989）*The roots of prosocial behavior in children.* Cambridge ; New York: Cambridge University Press.〕
[11] 宗方比佐子・二宮克美（1985）「プロソーシャルな道徳的判断の発達」『教育心理学研究』33, 157–164.
[12] 濱口佳和（2010）「10章　道徳性と向社会性」櫻井茂男・岩立京子（編著）『たのしく学べる乳幼児の心理　改訂版』福村出版、pp.133–146.
[13] Rheingold, H. L.（1982）Little children's participation in the work of adults, a nascent prosocial behavior. *Child Development,* 53, 114–125.
[14] Strayer, F. F., Wareing, S., & Rushton, J. P.（1979）Social constraints on naturally occurring preschool altruism. *Ethology and Sociobiology,* 1, 3–11.
[15] Green, F. P. & Schneider, F. W.（1974）Age differences in the behavior of boys on three measures of altruism. *Child Development,* 45, pp.248–251.
[16] 川島一夫（1991）『愛他行動における認知機能の役割――その状況要因と個人内要因の検討』風間書房
[17] Eisenberg, N., & Fabes, R. A.（1998）Prosocial development. In N. Eisenberg（Ed.）, W. Damon（Series Ed.）, *Handbook of child psychology.* Vol.3. *Social, emotional, and personality development*（5th ed.）, New York: Wiley, pp.701–778.
[18] Fabes, R. A., Calro, G., Kupanoff, K., & Laible, D.（1999）Early adolescence and prosocial/moral behavior I: The role of individual processes. *Journal of Early Adoliescence,* 19, 5–16.
[19] Eisenberg, N., Fabes, R. A., & Spinrad, T. L.（2006）Prosocial development. In N. Eisenberg（Ed.）, W. Damon, & R. M. Lerner（Series Eds.）, *Handbook of child Psychology,* Vol.3: *Social, emotional, and personality development*（6th ed.）, New

York: Wiley, pp.646–718.

[20] たとえば，Eisenberg, N., Calro, G., Murphy, B., & Court, P.（1995）Prosocial development in late adolescence: A longitudinal study. *Child Development,* 66, 1179–1197.

[21] たとえば，Davis, M. H., & Franzoi, S. L.（1991）Stability and change in adolescent self-consciousness and empathy. *Journal of Research in Personality,* 25, 70–87. および [22]

[22] Hastings, P. D., Miller, J. G., & Troxel, N.（2015）Making good: The socialization of children's prosocial development. In J. E. Crusec & P. D. Hastings（Eds.）, *Handbook of socialization: Theory and research.* New York: Guilford Press, pp.637–660.

[23] Carlo, G., Crockett, L. J., Randall, B. A., & Roesch, S. C.（2007）A latent growth curve analysis of prosocial behavior among rural adolescents. *Journal of Research on Adolescence,* 17, 301–324.

[24] Kokko, K., Tremblay, R. E., Lacourse, E., Nagin, D. S., & Vitaro, F.（2006）Trajectories of prosocial behavior and physical aggression in middle childfood: Links to adolescent school dropout and physical violence. *Journal of Research on Adolescence,* 16, 403–428.

[25] Malti, T., Averdijk, M., Zuffiano, A., Ribeaud, D., Betts, L. R., Rotenberg, K. J., & Eisner, M. P.（2015）Children's trust and the development of prosocial behavior. *International Journal of Behavioral Development,* 40, 262–270.

[26] 中里至正（1985）『道徳行動の心理学 ―― 自己制御と愛他行動の形成』有斐閣

[27] 村上達也・西村多久磨・櫻井茂男（2016）「家族、友だち、見知らぬ人に対する向社会的行動 ―― 対象別向社会的行動尺度の作成」『教育心理学研究』64, 156–169.

[28] 西村多久磨・村上達也・櫻井茂男（2018）「向社会性のバウンスバック ―― 児童期中期から青年期前期を対象として」『心理学研究』89, 345–355.

[29] 二宮克美（2010）「向社会的行動の判断」菊池章夫・二宮克美・堀毛一也・齋藤耕二（編）『社会化の心理学／ハンドブック ―― 人間形成への多様な接近』川島書店 pp.277–290.

# 第4章　思いやりの強い人・弱い人

## ●『しあわせの王子』を読み返して

先日、久しぶりにイギリスの文豪オスカー・ワイルドの短編『しあわせの王子』を、オリジナル版で読み返しました。子ども時代にも絵本で読みましたし、大人になってからもテレビのアニメで見たりしましたが、この度は本書を執筆するということで、もう一度読んでみよう、という気持ちになり味読しました。

何度読んでも感動しますが、子どものころとは違い、当時のイギリスの社会状況も理解することができました。ただ、このようなことはあらすじとあまり関係がないので、子ども時代に読んでも、「しあわせの王子」と「つばめ」による愛他的な行為にとても感動するのだと思いました。この短編を読んでいない方のために、簡単にあらすじを紹介します。

ある町に住んでいた王子は何の不自由もなく、とても幸せに暮らしていましたが、若くして亡くなりました。そのため、町の人たちは王子の銅像を作り、町を見渡せる高い場所に設置しましたが、その像には、どうしたことか王子の魂が宿りました。

あるとき、一羽のつばめがエジプトへの渡りの途中、その像の足元で一夜を過ごすことになりました。そのとき、つばめは水滴が何滴か落ちてくるのに気づきました。じつはその水滴、王子の涙だったのです。王子は高い場所から町に住む人々の暮らしをつぶさに見ていて、貧乏な人たちがとても悲

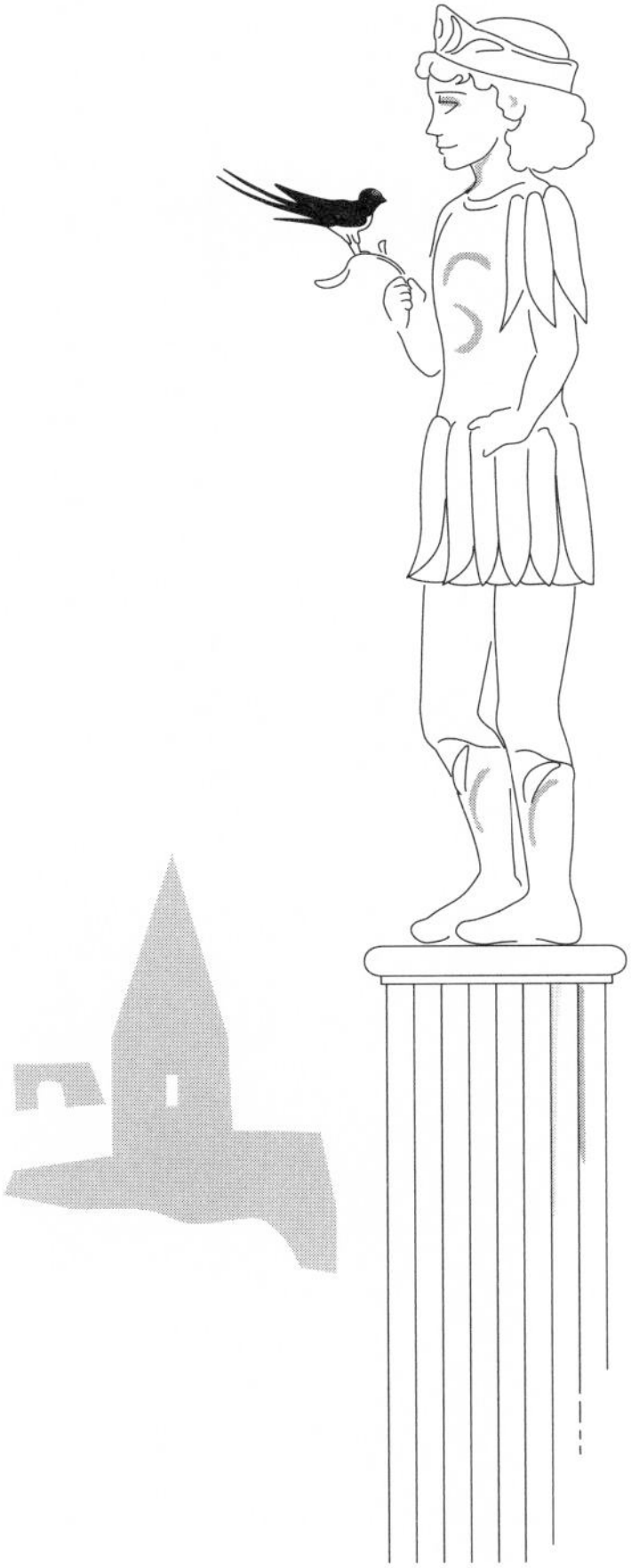

惨な暮らしをしている、何とか助けてあげたいとの強い思いをもっていたのです。王子の思いに共感したつばめは、エジプトへの渡りを一時延期して、そうした悲惨な暮らしをしている人たちを助ける手伝いをすることにしました。

王子の像には、剣の部分にルビーがひとつ、目の部分にサファイヤが二つはめ込まれ、体の表面には金箔が張りつけられていました。つばめは王子の願いを叶えるため、そうした宝石や金箔をすべて、かわいそうな人々に届けました。彼らが喜び幸せになるのを見て、王子もつばめも大きな安らぎを覚えました。そうこうしているうちに冬がやってきて、つばめは凍てつく寒さのために死んでしまいました。同時に、王子の像は宝石や金箔がなくなり、みすぼらしい姿になったため取り壊されました。

神は天使に、その町でもっとも貴いものを持ってくるように命令し、天使はつばめの亡骸と鉛でできた王子の心臓を持ち帰りました。神はその選択を称え、つばめと王子は天国で幸せに暮らしました。

自己犠牲をいとわず、何の報酬も求めず、不幸な人々に共感し、そうした人々を助けようとした行動は、間違いなく愛他的行動といえます。

なお、今回改めて読んでみると、お話のなかに登場する町の偉い人や貧しい人の状況から、文豪オスカー・ワイルドが生きた時代は思いやりのある人、とくに思いやりのある政治家が少なかった時代ではないかと考えました。彼はこうした社会状況を憂えてこの短編を執筆し、子どもにも大人にも読んでもらい、当時の社会を変えたいと思っていたのではないかと思いました。読者のみなさんはどう思われるでしょうか。

## ●オレオレ詐欺の報道

さて、私が『しあわせの王子』を読んで感動していたとき、リビングのテレビを見ると「オレオレ詐欺」の被害が後を絶たないとの報道がありました。オレオレ詐欺とは、親族や警察官、弁護士等を装って電話をかけ、会社の横領金の補てんや借金の返済等を名目に、現金を口座に振り込ませるような方法によって金品をだまし取る詐欺のことだそうです。

手口としては親族などを装うオレオレ詐欺のほかに、最近はアポ電（アポイントメント電話）で、被害者の家族構成や資産状況などを事前に探り、その情報に基づいて親族に成りすまして相手の弱みに付け込んで金品を奪い取るような詐欺も増えているとのことです。

こうした詐欺は、まとめて特殊詐欺と呼ばれますが、翌日、新聞でそのニュースを確かめると、２０１９年の上半期（１～６月）における特殊詐欺の被害は８０２５件、被害額は約１４６億１千万円で、前年同期よりは少ないものの、依然として深刻な状況が続いているとのことでした。

特殊詐欺は、悪質な詐欺のなかでもとりわけ卑劣な詐欺ではないでしょうか。なぜならば、他者の視点に立ってその人の感情や考え、欲求などを推測する役割取得の能力を、思いやり行動への流れから逸脱させ悪用しているからです。共感の研究者としてはとても腹が立ちます。

ただし、加害者とくに加担した人のなかには、借金を返せないために意に反して詐欺グループに入れられてしまった人もいるそうです。すべての関係者が悪意に満ちてこうした詐欺をしているのではないという点で、多少とも救われる気がしました。

世の中には、思いやりがあり信頼できる人もいますが、他者への思いやりの気持ちの一部である視点取得を巧みに利用して、〝たくましく〟生きているような人もいます。こうした違いは、どのように生まれるのでしょうか。

本章では、思いやりの気持ちや行動を育てたり、反対に利己的な気持ちや行動を増大させたりする要因について考えます。

## ●なぜ思いやりの強い人と弱い人ができるのか

第3章で説明した通り、人間には生まれて間もなく思いやりの原初的なしぐさがみられます。ということは、生まれながらに人間は思いやりの気持ちや行動が育つようにできていると考えられますが、どうしたわけか、成長・発達する過程で、思いやりの強い人と弱い人ができてしまいます。どうしてなのでしょうか。

ここでは、思いやりの気持ちや行動に関して、このような個人差を生み出す要因について説明します。おもな要因としては、①子育て、②教育、③職場の人間関係、そして④遺伝ですが、思いやりと関連するパーソナリティについても触れることにします。

なお第2章や第3章の内容に依拠すれば、本章での基本的な考え方は以下のようになります。共感性や向社会的判断能力が順調に発達すれば、中学生くらいで大人とほぼ同じレベルに達しますので、それに伴ってこの時期には相応の向社会的行動が表れます（第3章参照）。また、順調な発達によって向社会性が育まれ、利己性が抑制されることも予想されます（第2章参照）。しかし実際には利己性が強く形成され、共感性がうまく発揮されず、向社会的判断もゆがめられ、期待されるほどの向社会的行動が実現されない人もそれなりにいます。

以上の点から、本章ではおもに、思いやりを促進する要因vs.思いやりを阻害するあるいは利己性を助長する要因という構図で、思いやりの強い人と弱い人を生み出す諸要因について説明したいと思います。

## ●子育ての影響

### 安定したアタッチメントvs.不安定なアタッチメント

子どもが生まれてはじめて出会う他者は、母親ではないでしょうか。そして多くの場合は母親が主たる養育者となって、かいがいしく養育をします。かわいいわが子のために、スキンシップをしながら、お乳やミルクをあげたりおむつを替えたり。通常はこうした養育を通して、子どもに安定したアタッチメントが形成されます。安定したアタッチメントとは、子どもに形成される母親との心の絆であり、そのベースには「自分は他者（最初は母親）から愛される存在であり」「他者は信頼できる存在である」という思いがあるとされます。成長するとこれらは確固とした信念になりますが、幼いうちはまだ直観的な思いでしょう。しかしこうした思いが、思いやりの基礎としてとても大事だとされます。

自分が信頼できる母親から愛されているという感覚があれば、子どもは母親が困っているようなとき母親を助ける行動をするでしょうし、日常的にも母親に対してやさしく振る舞えるでしょう。誰だって、自分を大事にしてくれる人にはやさしくなれると思います。母親との安定したアタッチメントこそ、思いやりが順調に発達する基礎となります。やがて父親、祖父母、保育者など、母親以外の他者も母親と一緒にいて信頼できる存在と思えるようになれば、思いやりをもって接することができるようになります。

一方、幼いころに何らかの理由で温かい養育を受けなかった子どもには、右記のような安定したアタッチメントは形成されず、自分は母親から愛されていないのではないか、母親は信頼できないのではないか、というような思い、いわゆる不安定なアタッチメントが形成されてしまいます。その結果、他者に対する思いやりの気持ちや行動はうまく育ちません。ただしその後、母親に代わる安定したアタッチメントの対象ができれば、思いやりの気持ちや行動は順調に育っていきます。それでも発達心理学を専門とする私としては、できるだけ幼いうちに、安定したアタッチメントの対象ができることがとても大事であると思っています。

## 向社会的な子育て vs. 利己的な子育て

幼少期をはじめ小学校や中学校のころ、母親や父親がどのような方針で子育てに臨むのかも、子どもの思いやりの気持ちや行動の形成に大きな影響を与えます。

近年児童虐待に関する報道が増えています。そうした報道からいえることは、親としてしっかり躾けなければならないとの思いが強すぎると、子どもが自分のいうことを聞かないときに我を忘れて子どもを罵倒したり、たたいたりけったりするような虐待をしてしまう可能性が高まるということです。子どもをしっかり躾けなければならない、という思いの背景には、子ども自身のためというよりも、親として認められたいというような利己的な理由が強く、それがさらに強まると右記のような虐待をしてしまうのではないでしょうか。

子どもはゆっくりではありますが着実に成長していくことを信じ、自分のいうことを聞かないためにカッとなったときにはひと呼吸おいて冷静になり、そしてできるだけ子どもの気持ちに寄り添って育てることが大事であると思います。自分が子どものころはどうであったのか、どのような育てられ方をしたのか、それらをご自身の母親や父親に聞いてみれば、子育てで何が大事かわかると思います。

また、子育てのなかでは、自分の子どもだけでなく周囲の子どもやその親に対しても思いやりのある態度で臨めれば、子どもはそうした親の姿をしっかり見ていて、他者に対する思いやりのある態度が培われるでしょう。自分の子どものことだけを考え、他の子どものことは眼中になく、自分の子どもがけがをしたときはすぐさま処置をしますが、近くにいる子どもがけがをしたときには他人任せで放っておく、というような対応では、子どもの思いやりはなかなか育たないでしょう。親は子どもの手本となりますので、他の子どもや親にもやさしく接することが、わが子の思いやりを培うためにはとても大事です。

なお、他児の失敗に対して「つぎは大丈夫。頑張ろうね！」と激励することも大切ですが、他児の成功を自分の子どもの成功のように一緒に喜べるような親に育てられると、子どもにはより深い思いやりが育つようです。友だちの成功を妬むのではなく、一緒に喜べるような子どもに成長していきます。

## 絶対評価・個人内評価 vs. 相対評価

子どもが3歳くらいになると、自分の子どもを有能な子どもに育てようと、子どもの行動を厳しくチェックし、叱咤激励するような母親や父親がいます。そして保育園や幼稚園に入園すると周囲の子どもと比べる機会が増えますので、自分の子どもの出来栄えを気にすることも当然増えます。どんな活動でもうまくできるオールマイティの子どもは多くありませんので、そうした親御さんはそのつど、「お友だちの○○さんより、うまくできないなんて恥ずかしいでしょ！」「○○さんより、できるように頑張らないといけないわよね」といった言葉がけをすることになりかねません。心理学では「社会的比較」といいますが、このように他者と比べること、とくに自分の子どもをよくできる子どもと比べる「上方比較」を多用すると、ほんとうによくできる子どもは別として、多くの子どもは自分よりもできる子に対して妬みをもつようになり、これが思いやりの気持ちを阻害することになります。さらに、そのよくできる子どもが失敗をしたときには、いい気味と、他児の失敗を喜ぶような気持ちさえ生じるようになるでしょう。

したがって、子どもに高い達成を望むのであれば、子どもが努力すれば達成できそうな目標を設定して、それをクリアできるように励ます対応のほうがよいのです。他児と比べて勝つことをよしとする相対評価的な子育てよりも、子どもが以前よりも成長し、各自の目標が達成できるようになることをよしとする個人内評価あるいは絶対評価的な子育てのほうが、全体的にみれば思いやりは育つと考えられます。このあとに登場する、教育場面でも、同じことがいえるでしょう。

## ●教育の影響

### 向社会的判断能力の形成を促す道徳教育

思いやりの育成には、子育てだけではなく学校教育の影響も大きく、小中学校では道徳教育が重要視されています。先に紹介したオレオレ詐欺のような卑劣な犯罪にかかわる若者が増えているため、小中学校で善いことと悪いこと、自立してよりよく生きることなどをしっかり教えることが重要であると考えられます。

第2章で紹介したモデルにも登場する、他者や社会のためになりたいという向社会性は、道徳の授業を通して育まれることが期待できます。道徳の授業では悪事をしないことを教えるだけではなく、他者や社会のためになる善いことを積極的に行うことも教える必要があります。善いことをしないからといって法律で罰せられるわけではありませんが、よりよい社会を作るためには、善いことを積極的に行うことはとても大切です。道徳の授業をはじめその他の学校教育を通して、こうした向社会性を育むことで、その反対の利己性や反社会性の形成を防ぐことにもなります。

## 個人を尊重する教育 vs. 競争を助長する教育

子育てと同様、学校教育においても競争を助長して相対評価に重きをおくような指導よりは、個々人の有り様を尊重して絶対評価が中心となるような指導のほうが思いやりの形成という点では望ましいと考えられます。もちろん、現在の学習指導要領でも絶対評価が推奨されていますが、現実には相対評価も強く機能しているように思います。なぜならば、中学校時代最後の最重要イベントである高校入試では、募集人数が決まっていますので、否応なく相対評価が採用されます。結局のところ相対評価が大事ではないか、ということになりかねないのです。

競争を基本とする相対評価が行きすぎると、敗者には妬みが形成されやすくなります。それを防ぐには、個性を尊重するような絶対評価や個人内評価を重視する教育を推進することが必要です。個性を尊重する教育によって、子どもは自分の個性や良さに気づき、それをもとにして自分の人生や生き方の目標、いわゆる人生目標を決めることができます。そして、そうした際に自分も他者や社会のためにこんな貢献ができるとわかれば、設定された人生目標の達成をめざして、他者と協力しながら頑張れると思います。

本書でのちに紹介する、自己実現への学習意欲（第６章参照）は、向社会性の影響を強く受ける長期の学習意欲ですが、これは相対評価より絶対評価や個人内評価が中心となって長期の学習活動を動機づける意欲です。

なお、近年『マインドセット』[1]という本がよく売れているようです。これは、アメリカの有名な心理学者デュエック女史が、ご自身の目標達成理論をアメリカでの卑近な例をたくさんあげながら、わかりやすくそしておもしろく解説した啓蒙書です。私も読みましたが、ゴシップのような例もあげられており「これはちょっと？」と思う箇所もありましたが、全体としては持論をとてもうまく説明していると感じました。この本のメインテーマは「努力すれば能力は伸びる」ということです。能力がないから自分は努力してもダメだ、と思っている人にはうってつけの本だと思います。相対評価よりも絶対評価や個人内評価を中心に、十分努力をして自分の能力を伸ばすことによって、誰もが意欲的にそして思いやりをもって生きられることを主張しています。

## 協力して学ぶこと vs. ひとりだけで学ぶこと

学習意欲とくに内発的な学習意欲の研究をしていると、興味関心は十人十色なので、研究の対象は子ども一人一人になることが多く、学校教育がクラス全体やグループを対象とする営みであることを忘れがちです。社会は一人一人の人間で構成されていますが、一人一人が孤立して成り立っているわけではありません。社会は人間が助け合ったり、協力したりして成り立っています。学校教育においても、この点を忘れないように指導することが重要だと思います。クラスメイトや友だちを助けたり、彼らと協力したりして学ぶことは「向社会的な学び」といえ、まさに向社会性が育まれる学びとなります。

２０２０年度からの新学習指導要領では、「主体的・対話的で深い学び」の実現が大きな目標となっています。教育に関して造詣の深い方はご存知と思いますが、これはいわゆる「アクティブ・ラーニング」を焼き直したものといわれます。そうであっても、次世代を担う若者を育てるにはとても重要な学びであると考えます。

言いたいことは、向社会的な学びはこの目標のなかの「対話的な深い学び」を実現するものだということです。学習が苦手なクラスメイトのために、自分がしっかり学び教えてあげたいというような意欲や、グループの人と協力して学習課題を解決したいというような意欲をもって学習に臨むことで、対話的な学びが生まれます。クラスメイトに教える場合には、自分が十分深く学んでいないとできないため、深い学びも実現します。また、グループの人と協同して学ぶことよって、自分ひとりで学んでいるときよりも深い学びになることも期待でき「対話的な深い学び」が実現します。

学習以外の場面、とくに部活動や交友などの対人関係場面でも、助け合ったり協力したりすることは多いので、そうした場面でも向社会性は育まれるでしょう。

一方、こうした学習や対人場面で、いつもひとりだけで活動することは、利己性を高めることになりかねません。それゆえ、できるだけグループや集団で、協力して学習することや助け合って活動することも大事にしたいものです。ただし、ひとり遊びやひとりで学習することが悪いわけではありません。[2] そのほうが落ち着く子どもや安心できる子どももいますので、子どもの個性を尊重しながら、クラスメイトやグループの人とも協力して活動できるように指導をすることが重要であると考えます。

## ●職場の人間関係の影響

### 助け合えること vs. 競争意識だけが強いこと

社会で働くようになると、職場での人間関係が思いやりの気持ちや行動に大きく影響します。とくに働きはじめたばかりの若い人は、当面の仕事がよくわからないため、先輩や上司の直接の指導が必要となります。そうした場面で、高圧的で自分に従わない奴はダメだ、というような態度で臨まれると、先輩や上司への反発が生まれ、その部署には馴染みにくくなるでしょう。思いやりのある人間関係は形成されるはずがありません。

まずは、自分が入社した当時のことを思い出してください。新入社員に対して思いやりの気持ちをもって対応できれば、やがてその後輩は先輩である自分や上司が困っているときに率先して助けてくれると思います。先輩も後輩も、お互いに助け合えるような職場環境が生まれるはずです。とくに上司は、自分の部署で思いやりのある人間関係が構築されるように配慮することが重要です。

一方、同僚の間では、自分の有能さを示していち早く出世するために競争意識も強くなることが予想されます。もちろん同僚との競争はいちがいに悪いとはいえませんが、場合によっては妬みを生み出す原因になります。競争をする場合には堂々と行い、そして負けた場合には潔く負けを認め、つぎの機会に挑戦する、というような態度が肝要でしょう。また、適材適所という言葉がありますが、自分の長所や適性を考え、自分の長所を生かせる部署への配置転換を要望することもよいかもしれません。そうした部署では、競争が良い結果をもたらす可能性が高まるでしょう。もちろん、競争場面では、上司が部下に対して公平性や公正性を確保する必要があります。

## 感謝の気持ちを伝えること

私が指導した大学院生の研究に、興味深いもの[3]がありました。それは幼稚園で働く教諭を対象に、職務中に助けてもらった同僚に対して、自分が感謝していることを伝えることによって、同僚間での感謝の気持ちが高まったという研究です。

小規模な実践研究でしたが、幼稚園の教諭を対象に、その日職務上で感謝したことを手紙に書き、それを感謝した相手に伝えることを10日間続けました。この実践では園のすべての教諭に対して、順番にそうした手紙を書くようにデザインされていました。実践の結果、教諭の間で感謝する気持ちが高まりました。手紙を書いただけで相手に渡さなかった場合にはそうした効果は現れませんでしたので、感謝の気持ちを伝えることによって、感謝をした本人も感謝された相手も、援助してもらったらしっかり感謝したいという気持ちが高まったものと解釈できます。

じつはこれは一連の研究の第一歩でした。最終的には、感謝の意を伝えることによって当該集団における感謝の気持ちが高まり、そして感謝した人も感謝された人も同様に、第三者も含む周囲の人に対する思いやりの行動が増えることを検討したかったのです。時間が足りずこのような予測は検討できませんでしたが、海外の研究ではそうした予測が支持されています[4][5]。

感謝の気持ちを伝えられるような職場であれば、思いやりの気持ちや思いやりの行動が育つものと期待されます。

## ●遺伝の影響

これまで、思いやりの気持ちや行動に影響する要因として、子育て、教育、職場の人間関係を取り上げてきましたが、これらはすべて経験（あるいは環境）という範疇に入るものです。すなわち、生まれてからの経験によって、思いやりの気持ちや行動が影響を受けるという観点からの説明でした。一方、経験の対になる概念があります。それは遺伝です。遺伝による影響も当然あると予想されます[6]が、そうした影響を学問的に検討しているのが「行動遺伝学」です。

行動遺伝学でよく使う方法は双生児研究法です。パーソナリティを例にして、この方法を簡単に紹介します。[7][8]

一卵性双生児は互いに完全に一致した遺伝子をもつのに対して、二卵性双生児は遺伝的には通常のきょうだいと同じであり、平均すると一卵性双生児の半分程度しか遺伝子を共有していません。このことから、多数の一卵性双生児のペアと多数の二卵性双生児のペアに対してパーソナリティ検査を実施し、一卵性双生児と二卵性双生児の平均的なパーソナリティの類似度を比較することによって、パーソナリティ形成における遺伝と環境の影響を切り離して捉えることができます。すなわち、一卵性双生児ペアの類似度と、二卵性双生児ペアの類似度に対する遺伝的影響、家庭環境や親戚とのつきあいなど二人に共通している共有環境の影響、さらには、学校、遊び仲間、恋人など、それぞれが

表 4-1　身体的・心理的形質の遺伝率と、共有環境と非共有環境の影響
（安藤, 2000[9]）

| | 遺伝率 | 共有環境 | 非共有環境 |
|---|---|---|---|
| 指紋隆線数 | 0.92 | 0.03 | 0.05 |
| 身長 | 0.66 | 0.24 | 0.10 |
| 体重 | 0.74 | 0.06 | 0.20 |
| 知能 | 0.52 | 0.34 | 0.14 |
| 宗教性 | 0.10 | 0.62 | 0.28 |
| 学業成績 | 0.38 | 0.31 | 0.31 |
| 創造性 | 0.22 | 0.39 | 0.39 |
| 外向性 | 0.49 | 0.02 | 0.49 |
| 職業興味 | 0.48 | 0.01 | 0.51 |
| 神経質 | 0.41 | 0.07 | 0.52 |

独自にかかわっている非共有環境の影響が分析できます。構造方程式モデリングという統計手法の開発によって、このような分析が可能となりました。

わが国では、安藤寿康先生のグループがこうした方法によって研究を進めています。その成果の一部[9]が、表4−1に示されています。この表によると、ある一定区間に指紋の線が何本あるかを示す指紋隆線数は遺伝の影響を強く受けていること（遺伝率が92％）、それに対して身長は遺伝率が66％であり、環境の影響もそれなりにあることがわかります。さらに、よく話題になる知能の遺伝率は52％と、予想よりかなり高い値を示しているように思いますが、いかがでしょうか。学業成績になると遺伝率が38％、共有ならびに非共有環境の影響がそれぞれ31％と、環境の影響も大きいことがわかります。外向性というパーソナリティ特性は遺伝率が49％、非共有環境の影響も49％、神経質も、外向性とほぼ同様の値を示しています。パーソナリティ特性については、遺伝と環境の影響が五分五分といったところでしょうか。

思いやりの気持ちである共感性についての研究[10]もあります。当該論文のレビューによると、共感性に対する遺伝の影響は30％程度だそうです。これを高いとみるか低いとみるかは比べるものが何かによりますが、表4-1にある遺伝率と比べると、学業成績（38％）やパーソナリティ特性である神経質（41％）よりも10％程度低いことから、経験の影響が比較的大きいと推定されます。

ところが共感性には、環境要因のうちでも、養育環境の指標とされる「共有環境」の影響がほとんどみられず、先に紹介した子育ての影響とくに幼少期に形成されるアタッチメントの影響がほとんどないことが推定されています。これはとてもショッキングな結果でした。

ただし最近は、モデルの設定や分析方法が日々進歩しているとのことで、たとえば、敷島ら[10]では、「遺伝–環境交互作用モデル」を用いて、環境の違いが遺伝の影響を調整するかどうかが検討されています。そしてあるケースでは、養育環境が共感性に関する遺伝子の影響を調整することがわかりました。今後このようなモデルに沿った研究が進められれば、環境と遺伝の相互作用の有り様がさらに明らかになると予想されます。今後に期待しましょう。

## ●パーソナリティとの関係

最後に、思いやりとくに向社会性はパーソナリティとの関係が深いようです。それゆえ、どちらからどちらへの影響という因果的な関係ではありませんが、相互の関係をみてみましょう。

女子大学生60名程度を対象に行った研究[11]では、共感的配慮（いわゆる同情）は協調性と関係があり、協調性が高いほど同情をしやすいという結果がみられました。これは、当たり前の結果でしょう。また、援助が必要な場面でひどく動揺してしまう個人的苦痛は、それが高いほど回帰性傾向（著しい気分の変化があること）や神経質、劣等感が高いことや、支配性（リーダーシップがあること）や思考的外向（現実的に熟慮すること）が低いこと、などが見出されました。こちらも納得できる結果ではないでしょうか。

## ●まとめ

イギリスの文豪オスカー・ワイルドの『しあわせの王子』に登場する王子のように、とても思いやり深い人（魂）もいれば、高齢者を対象にしたオレオレ詐欺の加害者のように、かなり利己的で反社会的な人もいます。本章では、思いやりの気持ちや行動を育む要因と、それとは対照的に、利己的あるいは反社会的な気持ちや行動を促進・助長する要因について説明しました。

まず子育ての影響を取り上げました。思いやりの気持ちや行動を育む要因としては、安定したアタッチメント、他の子どもにも温かで向社会的な対応をすること、そして他の子どもとの比較よりはその子の個性を尊重すること、を指摘しました。その反対に、不安定なアタッチメント、親が自分のことばかり考えて子育てでも利己的に振る舞うこと、他の子どもとの比較（社会的比較、相対評価）を頻繁に行うことは、子どもに利己的あるいは反社会的な気持ちや行動を助長する可能性が高いことをまとめました。

子育てのほかに、教育と職場での人間関係の影響についても説明しました。教育においては、向社会的判断能力を育成する教育（とくに道徳教育）、個々人を尊重する教育、子どもたちが助け合い・協力して学ぶことを大事にする教育が、思いやりの気持ちや行動を促進し、他方、競争を過度に促すような教育は利己的あるいは反社会的な気持ちや行動を助長する可能性があることを述べました。職場の人間関係では、助け合える人間関係や感謝を伝え合うことが思いやりの気持ちや行動を促進し、競争を重視するような人間関係は利己的ときには反社会的な気持ちや行動を助長する可能性があることを説明しました。

さらに、思いやりの気持ちである共感性に及ぼす遺伝の影響についてもまとめました。これまでの研究では、遺伝の影響は30％程度あること、そして先に述べた子育てとの関係が深いとされる共有環境の影響がほとんどなかったことを指摘しました。ただし、後者の結果については、近年、遺伝の影響が環境の良さによって調整されるという遺伝‐環境相互作用モデルが提唱されており、共有環境と遺伝との相互作用が詳細に分析されるようになれば、この結果も修正されるのではないかと考察しました。

最後にパーソナリティとの関係についての研究を紹介しましたが、共感性は協調性と、個人的苦痛はおもに回帰性や神経質、劣等感と関係することがわかりました。

【文献】

［1］ドゥエック、C・S／今西康子（訳）（2016）『マインドセット――「やればできる！」の研究』草思社〔Dweck, C. S. (2006)

*Mindset: The new psychology of success.* New York: Random House.）

[2] たとえば、小林 真（2010）「7章 人間関係」櫻井茂男・岩立京子（編著）『たのしく学べる乳幼児の心理 改訂版』福村出版 pp.91-106.

[3] 芳之内貴将（2016）「対人的感謝が保育者効力感に及ぼす影響の検討」平成27年度筑波大学大学院教育研究科（スクールリーダー専攻）修士論文

[4] たとえば、Bartlett, M. Y., & DeSteno, D.（2006）Gratitude and prosocial behavior: Helping when it costs you. *Psychological Science,* 17, 319-325. および［5］。

[5] DeSteno, D., Bartlett, M. Y., Baumann, J., Williams, L. A., & Dickens, L.（2010）Gratitude as moral sentiment: Emotion-guided cooperation in economic exchange. *Emotion,* 10, 289-293.

[6] たとえば、櫻井茂男（2010）「第1章 発達心理学とは」櫻井茂男（編）『たのしく学べる最新発達心理学――乳幼児から中学生までの心と体の育ち』図書文化社 pp.9-28.

[7] 市原 学（2010）「第6章 自己とパーソナリティの発達」櫻井茂男（編）『たのしく学べる最新発達心理学――乳幼児から中学生までの心と体の育ち』図書文化社 pp.107-124.

[8] 櫻井茂男（2017）『自律的な学習意欲の心理学――自ら学ぶことは、こんなに素晴らしい』誠信書房

[9] 安藤寿康（2000）『心はどのように遺伝するか――双生児が語る新しい遺伝観』講談社

[10] 敷島千鶴・平石 界・山形伸二・安藤寿康（2011）「共感性形成要因の検討――遺伝-環境交互作用モデルを用いて」『社会心理学研究』26, 188-201.

[11] 桜井茂男（1994）「多次元共感測定尺度の構造と性格特性との関係」『奈良教育大学教育研究所紀要』30, 125-132.

# 第5章　思いやりと、心の健康・適応

## ●ボランティア活動は、どのような動機や理由でなされるのか

東日本大震災を契機に、ボランティア活動に参加する人が増えていると聞きます。とても頼もしいことですが、ボランティア活動に参加する人たちは、どのような動機や理由で参加しているのでしょうか。私としては、思いやりの気持ちから参加している、と結論したかったのですが、実際には思いやりだけでなく、多様な動機や理由が関係しています。

ボランティア活動とは、本来は「個人的な関係をもたない見ず知らずの他者のために、強制されなくて自分の意志で、見返りを求めずに行う行為[1]」と定義されます。この定義には、公共性、自発性、無償性といったボランティアの要件が含まれており、向社会的行動のそれとほぼ一致します（序章および第1章参照）。しかし、実際のボランティア活動では、小中学校でのそれのように半強制的に参加させられたり、さらには有償ボランティアと呼ばれるように、何らかの報酬を伴った活動に参加した

りすることも広くボランティア活動と称されています。

つぎにボランティア動機についてですが、それまでの研究をレビューした論文[1]によると、ボランティア動機には、被害に遭われた人がかわいそうだから、他者のために役立ちたいからといったような向社会的な動機も確認されましたが、自分が成長できるから、自己実現できるから、仲の良い仲間ができるからといったような利己的な動機も見出されました。現実的には、ボランティア活動をする動機は複数あり、それらが個人のなかに併存しているようです。

ただよく考えてみれば、このことは当たり前かもしれません。被害に遭われた他者を助けたいという動機が主となり、ボランティアの経験が自分の将来に役立つかもしれないという動機が従となって参加する人もいるでしょう。反対に自分が成長したいという動機が主となり、他者の役に立つならそれもいいね、というような動機が従となって参加する人もいるのではないでしょうか。さらに、過去に被害に遭いボランティアの人に助けてもらった経験をもつ人は、そのときの恩返しとして、また高齢者のなかには、ほぼ同じような動機ではありますが、これまでの人生で多くの人に助けられてきたのでその恩返しとして、というケースもみられるでしょう。高齢者のなかには、はやくボケないため、ボケてしまって家族に迷惑をかけないため、といった動機が主あるいは従となっている場合も多いように見受けられます。

そして興味深いのは、ボランティア経験の長い人を対象に行った調査の結果です。ボランティアを続けていると、なかには向社会的な動機が強くなる人もいますが、どちらかといえば、自己成長や自己実現などの利己的な動機が強くなる人が多いのです。このことについては、「自分が他者や社会のために役立つことが、自分が成長し自己実現することにつながっている」というような解釈が可能であるとすれば、向社会的であることを含む自己成長や自己実現の動機もある、ということである程度合点がいくのですが、どうでしょうか。

ところで、私共も[2]、かつてボランティア動機について調査を行いました。ボランティア動機の先駆けとなる研究でしたが、現在はペンディング状態になっています。じつは右記と同じような結果が見出されましたが、当時は思いやりがもっとも大事である、と思い込んでいたため、落胆し放置してしまいました。

この研究では、大学生１３０名程度を対象に、ボランティア動機の質問紙を実施し、ボランティア経験との関係を分析しました。回答者には、ボランティア活動の経験の有無を尋ね、ボランティア活動をしている人にはそのときのことを思い出して、ボランティア活動をしたことがない人にはすると予想して回答してください、と教示しました。

ボランティア動機には、利己的な「自己の成長につながるから」といった自己成長の動機因子（まとまり）や同じく利己的な「自分の就職に有利であるから」といった仕事のための動機因子、さらに向社会的な「かわいそうだから」といった共感の動機因子など、都合六つの因子が見出されました。

そして、ボランティア経験によって、ボランティア活動を過去にしていて現在もしているという大学生群（ボランティア活動継続群）と、これまでボランティア活動をしたことがない大学生群（ボランティア活動なし群）を設定し分析しました。ボランティア動機を比較したところ、大きな違いがみられたのは、自己成長の動機の得点でした。もちろん、ボランティア活動継続群のほうが高かったのです。ボランティア活動を続けていると、自己成長のような利己的な動機が強くなることが判明したのです。共感の動機因子にはそうした差は認められませんでした。当初はこの結果に落胆しました。しかし、いまはこの結果が右記のレビュー[1]とほぼ一致しており、それなりの解釈もできることから納得しています。研究結果はしばらく時間をおかないと、その意味がよくわからないことがあります。良い経験となりました。今後はボランティア研究を再開するつもりです。

## ●思いやりがもたらすもの

ボランティア活動への参加動機のひとつとして、思いやりの気持ちがあることはわかりました。こうした思いやりの気持ち、あるいはその結果としての思いやり行動は、私たちにどのような変化をもたらすのでしょうか。

第2章の図2-1に沿って考えてみることにします。この図からは「共感→向社会的動機→向社会的行動（攻撃行動の抑制）→満足など→向社会性の促進」といった流れが読み取れます。さらに、図2-1には示されていませんが、向社会的行動によって満足がもたらされた結果として、向社会性のほかにも、自分を肯定し自信がもてることから、自尊感情や心の健康・適応も高まることが予想されます。

また図2-1の流れは基本的に向社会性が強い場合を想定したものでしたが、この流れは特性としての共感性に置き換えて考えることもできます。共感性の高い人は向社会的行動が多くて攻撃行動は少なく、向社会的行動が多い人は満足することが多くなり、その結果として向社会性が高まる、さらに満足の結果として自己肯定感や自信を高くもつ人は、自尊感情や心の健康・適応も高まる、というような流れとして読めます。

以下では、共感性の高い人や向社会的行動の多い人を対象に、共感性や向社会的行動はどのような影響をもたらすのかを、私共の研究成果も紹介しながら説明します。

なお以下では、共感性の影響と向社会的行動の影響の二つに分けて論じます。

## ●共感性の影響

共感性は、①向社会的行動を多く生起させ、反対に②利己的行動のひとつである攻撃行動を減少させるでしょう。これはもっとも基本的な影響と考えられます。

共感性が高い人は向社会的な判断能力が高く、しかも向社会的動機も形成されやすいことが想定されますので（図２-１参照）、援助が必要な場面や他者が賞賛されるような場面で向社会的行動が生起されやすく、攻撃行動については、共感性が高いと同時に向社会的な判断能力と関係が深い道徳性も高いと想定されますので、抑制されやすいと考えられます。また共感性の高い人は、攻撃行動を受けたとしても、視点取得をして相手の心情を理解し、相手に敵意や悪意がないあるいは攻撃行動をしなければならない何らかの事情があると判断することによって、報復としての攻撃行動は抑制されます。

そのほか、共感性は③学習活動に影響し、とくに子どもでは、クラスメイトが授業の内容がよくわからない場合、その子に共感し自分がしっかり授業を受け、のちにそのクラスメイトのためにわからないところを教えてあげようという気持ちで一生懸命授業を受けるとか、クラス全体に課された課題をクラスメイトが助け合ったり協力したりして解こうと頑張る、などの向社会的な学習活動が多く生起するでしょう。この学習活動は、新学習指導要領で注目されている「主体的・対話的で深い学び」における「対話的な深い学び」の実現に貢献する学習活動であると考えられます。

なお、共感性が高すぎたり継続的に求められたりする場合や、低すぎる場合にも、それなりの影響があります。共感性が高すぎたり共感を持続しなければならなかったりすると④共感疲れが生じます。また、共感性が欠如している場合には、⑤サイコパシー、自閉症スペクトラム障害、自己愛性パーソナリティ障害といった精神疾患（障害）になることもあります。

なお、ボランティア活動については冒頭で説明しましたので、ここでは割愛します。

## 向社会的行動が多くなる

21世紀COEプログラム、この言葉を覚えていますか。とても懐かしい、と回答される方は文部行政に長けた方かと思います。詳しいことはネット等で調べてもらえばわかりますが、この事業は、日本の大学に世界最高水準の研究教育拠点を形成し、研究水準の向上と世界をリードする創造的な人材の育成をおもな目的にして立ち上げられました。補助金の額はそれほど多くはないものの、採択されるか否かが研究機関としての大学のイメージや面子に関係するため（だろうと思いましたが）、各大学は採択に向けて大きなエネルギーを投入しました。筑波大学も御多分に漏れず、大きなエネルギーを費やしました。私も提出書類を何回も書き直した次第です。

じつは、私が共感の研究を本格的に再開したのは、この事業による研究費をいただいてからです。筑波大学では「心を解明する感性科学の推進」というテーマのもとに、新しい研究が開始されました。これから紹介する「共感性のプロセスモデル」は、このときの成果といえます。世界最高水準の研究かどうかはさておき、従来の援助場面を中心とした共感性から、賞賛場面の共感性も含めて共感性を体系的に捉え、共感性から向社会的行動に至る一連の過程を検討するという新たな研究がスタートしたのです。

私共の代表的な研究[3]によると、共感性は図5-1のように捉えられます。そして、各要素を代表する項目例は表5-1に示されています。第1章の図1-1も参照していただくとわかりやすいと思います。

図5-2もご覧ください。認知的共感性として「他者の感情への敏感性」（図5-2では「敏感性」）と「視点取得」を想定しました。つぎに情動的共感性として、他者のポジティブな感情への共感性については、「他者のポジティ

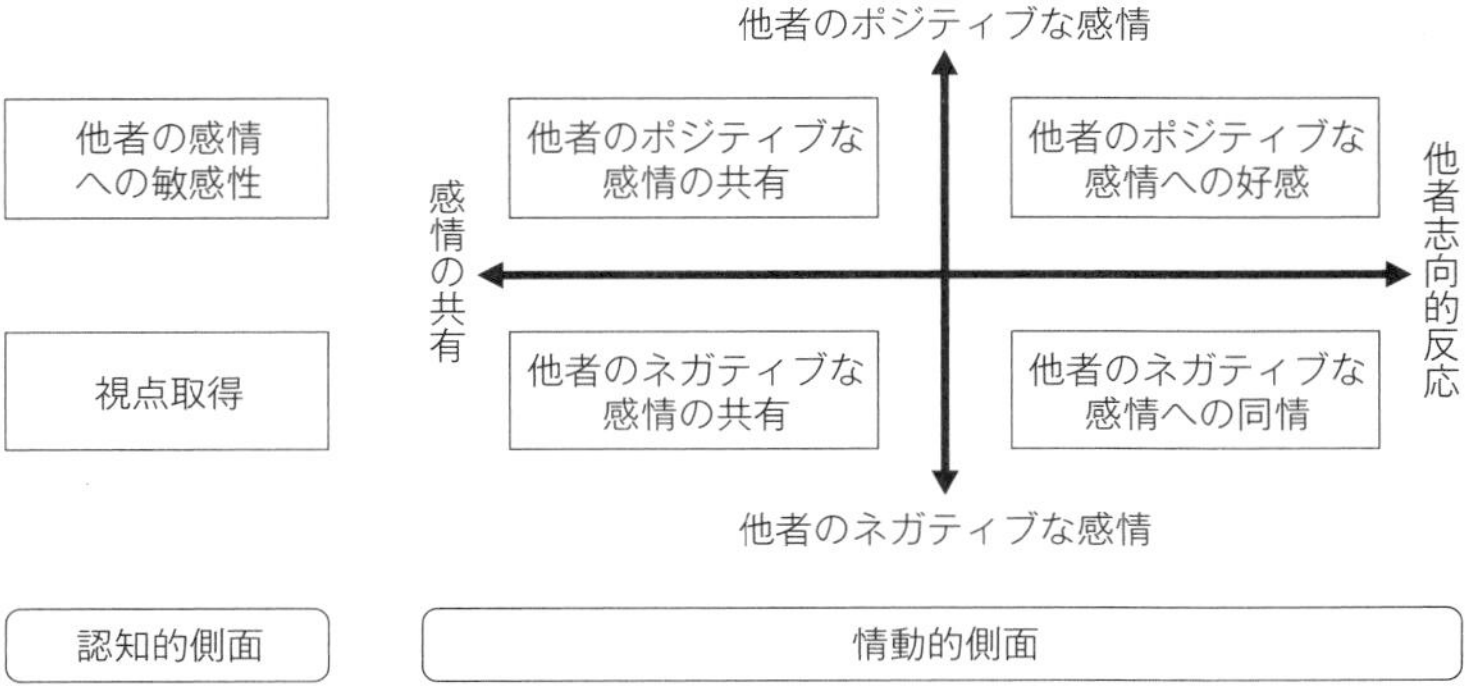


図 5-1　共感性の各要素（植村ほか, 2008[3] を改変）

表5-1　共感性を測定する項目の例（植村ほか, 2008[3]を改変）

| 構成要素 | 項目例 |
|---|---|
| 他者の感情への敏感性 | 人の心の動きに気を配るほうだ |
| 視点取得 | 相手の立場になって，その人の気持ちを考えるようにしている |
| ポジティブな感情の共有 | 周りの人が楽しそうだと，自分まで楽しくなってくる |
| ネガティブな感情の共有 | 周りに悲しんでいる人がいると，自分も悲しくなる |
| ポジティブな感情への好感 | うれしそうな人をみると，温かい気持ちになる |
| ネガティブな感情への同情 | 人が悲しんでいると，かわいそうだと思う |

ブな感情の共有」（図5-2では「ポジ感情の共有」）と「他者のポジティブな感情への好感」（図5-2では「ポジ感情への好感」）を、そして他者のネガティブな感情への共感性については、「他者のネガティブな感情の共有」（図5-2では「ネガ感情の共有」）と「他者のネガティブな感情への同情」（図5-2では「ネガ感情への同情」）を想定しました。表5-1の項目例をみると、各要素の内容が理解しやすいと思います。

そして、こうした要素を、先の図1-1に沿ってモデル化したものが、図5-2となります。図1-1は援助場面を想定した共感のモデルでしたが、図5-2は援助場面および賞賛場面のいずれの場面をも想定した共感性のモデルになっています。これが「共感性のプロセスモデル」です。ただし、本書で新たに提案した図2-1のモデルと比べると、10年以上も前の研究ですので、図5-2はメインの要素だけで構成され、その他の要素は省略されています。

さてこの研究[3]では、大学生100名程度を対象にして、共感性と向社会的行動についての質問紙を実施し、図5-2のモデルについて検討しました。なお、ここでお断りしてお

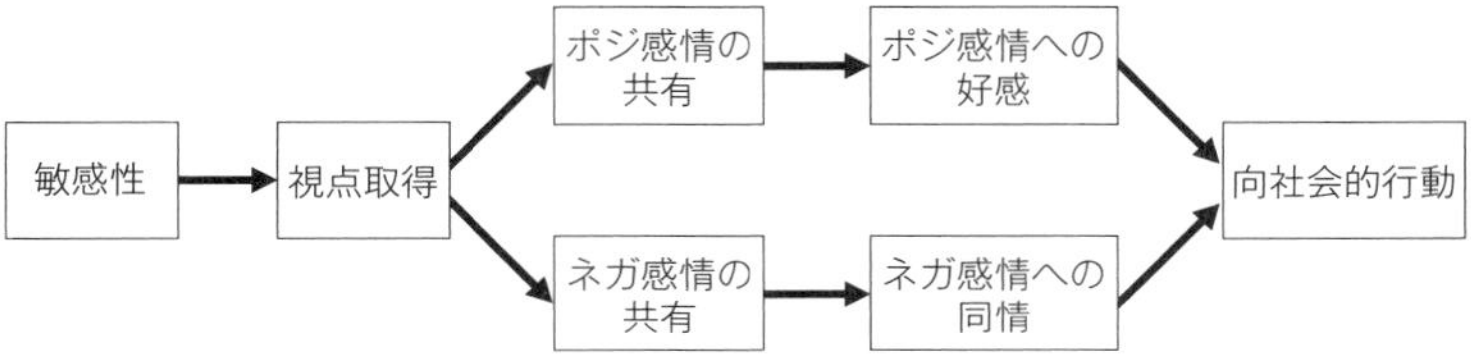


図 5-2　共感性のプロセスモデル

かなければならないことがひとつあります。これから紹介するいずれの研究でも、使用される向社会的行動を測定する質問紙には「他者のポジティブな感情への好感」に対応する、他者の成功を喜びさらに賞賛するようなポジティブな向社会的行動は含まれていません。向社会的行動＝援助行動、と思ってください。援助行動は「他者のネガティブな感情への同情」に対応する向社会的行動です。当時はこのような質問紙しかありませんでしたので、それらを使用しました。現在は小田ら[4]の質問紙で少々、私共の村上ら[5]の質問紙でかなりの程度、ポジティブな向社会的行動に関する項目を取り上げています。

　つぎに分析の結果ですが、図5-3をご覧ください。これは統計的な分析に基づく結果を関係図にしたものです。矢印についている数字は1.0からマイナス1.0の間を動き、矢印の前の要素からあとの要素への影響の程度を示します。プラスの値が大きければプラスの影響が強いことを、マイナスの値が大きければマイナスの影響が強いことを意味します。たとえば、敏感性から視点取得への.73という数字は、敏感性が高い人は視点取得も高くなり.73は1.0に近いので、その程度がかなり大きいことを示します。

　図5-3には、敏感性と視点取得から図5-2にはないパス（矢印）が

描かれているものの、「共感性のプロセスモデル」において主となる流れはしっかり確認されていることがわかります。新たな発見としては、他者のポジティブな感情への好感が他者のネガティブな感情への同情よりも、幾分向社会的行動への影響が強いという点です。すでに述べた通り、向社会的行動の質問紙には他者の成功に対して賞賛するような向社会的行動は含まれておらず、援助行動のみの向社会的行動で構成されています。そうであっても、他者のポジティブな感情への好感がそうした援助行動を促進し、しかも他者のネガティブな感情への同情よりもその効果が大きいということがわかったのです。簡潔にいえば、他者の成功を一緒に喜び賞賛できる人は、援助が必要な場面でもスムーズに援助行動ができる、ということです。

なお、図5-2のモデルで想定されなかったパスが示されている点については、今後詳しい検討が必要です。現在のところは、今回のモデルが個人の特性としての共感性を扱っているために、場面だけに限定されたモデルよりも要素間の関係が強くなり、このようなパスが現れたのではな

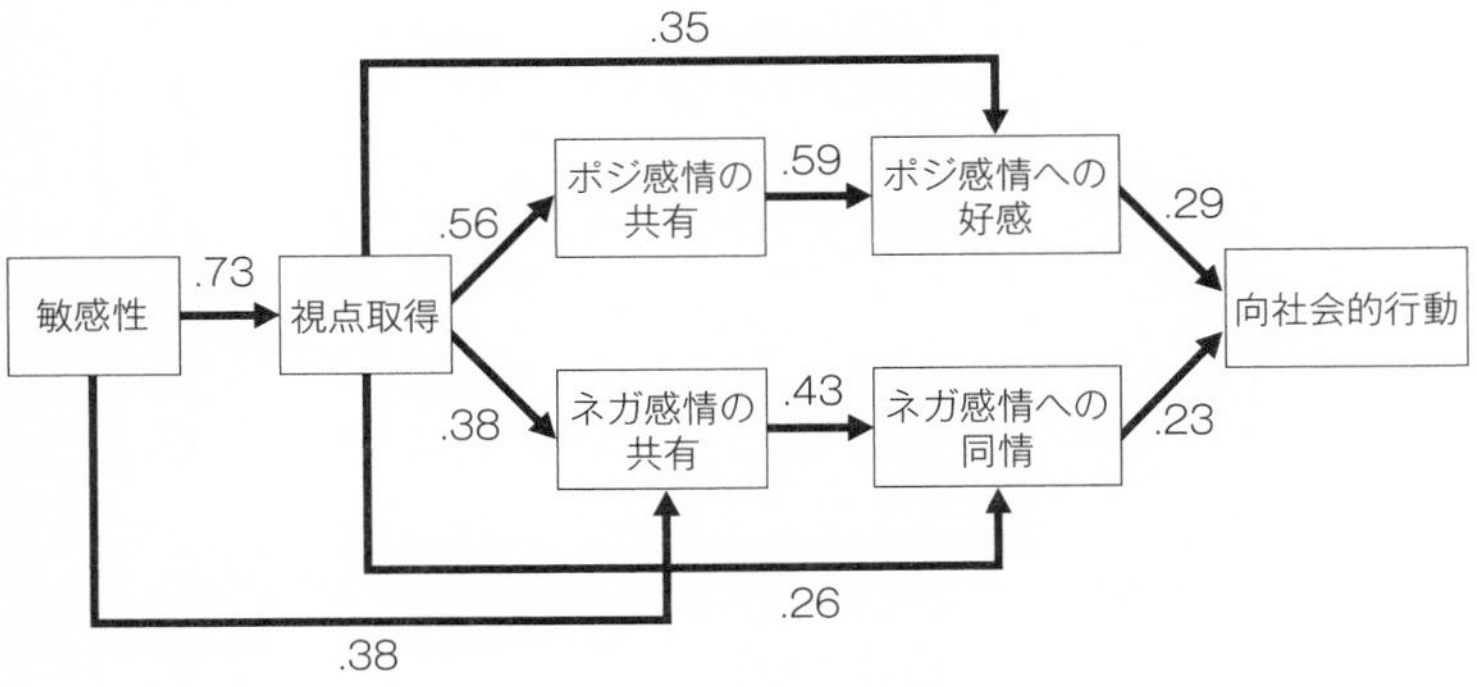


図5-3　分析結果
注）数字は、1.00に近くなるほど影響が大きいことを示す。

いかと考えています。

私共の大学生４４０名ほどを対象にした研究[6]、大学生５００名ほどを対象とした研究[7]、中学生２２０名ほどを対象にした研究[8]、小中学生１２００名ほどを対象にした研究[9]でも、共感性が向社会的行動を促進する効果が示されています。ただ、中学生や小中学生を対象にした研究[8][9]では、他者のポジティブな感情への好感が向社会的行動を促進していないため、より詳しい検討をする必要が認められました。いまは対象が子どもゆえに、他者のネガティブな感情への同情のほうが先に発達し、機能しやすいのではないかと考えています。

なお、私の古い研究[10]や私共以外の研究[11][12]でも、他者のネガティブな感情への同情が向社会的行動を促すことは支持されています。他者のポジティブな感情への好感を追加して検討するとどのような結果になるのか、とても興味深く思っています。

さて、これまでの多くの研究は一時点でのデータに基づいて分析をしているため、因果関係が確実に検討されたとはいえません。のちに紹介する研究も同様で、その点については注意が必要です。今後の縦断的研究に期待しています。

## 攻撃行動が少なくなる

共感性が高いことによって攻撃行動が減ることもよく検討されています。先に紹介した櫻井ら[6]、村上ら[7][8][9]では、他者のポジティブな感情への好感が、攻撃行動を減じることが見出されました。これは新たな発見です。

援助が必要な場面で人を助けるのはある意味当たり前のように思えますが、他者が成功し賞賛されるような場面でその成功を一緒に喜び賞賛や応援ができる人はそれほど多くはないと思われます。こうした他者への賞賛場面でも一緒に喜び応援できる人ほど、援助場面で率先して援助をするだけでなく、他者への攻撃行動も控えるといえるでしょう。

さらに私の古い研究[13]や私共以外の研究[14][15]では、他者のネガティブな感情への同情によって攻撃行動が抑制されることを見出しています。私共の四つの研究[6][7][8][9]とこうしたこれまでの研究の結果から推察されるのは、他者のネガティブな感情への同情よりも、他者のポジティブな感情への好感のほうが、攻撃行動を抑制する効果が大きいのではないかということです。現段階ではまだ推測の域をでませんが、とても魅力的な仮説であると考えています。

## 向社会的な学習活動が多くなる

学校での授業場面において、その教科の内容がよくわからないクラスメイトを助けるために一生懸命授業を受けるとか、クラス全体で解決しなければならない課題が課された際にクラスメイトと助け合い協力して頑張る、といったような学習意欲のことを向社会的な学習意欲、そうした学習活動のことを向社会的な学習活動と呼びますが、向社会的な学習活動は対話的な学習活動でもあります。

従来、思いやりや向社会性というと、社会的な場面で良好な対人関係を形成する重要な要因と考えられてきましたが、視点を少し変えると[16]、学習場面においても対人関係はあるわけで、これらは学習場面でもしっかり機能していることがわかりました。

自分ひとりで学習することも重要ですが、学校の授業場面では、クラスメイトと一緒に協力したり助け合ったりして学ぶことも重要です。ひとりでは解決できない問題もクラスメイトと協力すれば解決できたり、ひとりのときよりもグループの人と助け合ったほうがよりよい解決策が発見できたりします。その意味で、向社会的な学習活動にはより高い達成を実現するという重要な意義もあるといえます（第６章参照）。もちろん、学習以外の場面でも、クラスメイトとの仲間関係が良好になることも確かです。

## 高すぎる共感や持続的に求められる共感の影響

共感性が高いことに、何かデメリットはあるのでしょうか。過ぎたるは及ばざるがごとし、といいますが、共感性も度を超すとデメリットになります。

一般に共感性は高いほうが、向社会的行動が増え、攻撃行動が抑制され、さらには精神的に健康で適応的にもなるといえます。しかし、共感が高すぎたり、あるいは持続的に共感していたりすると、メリットばかりではなくデメリットも生じます。

私の経験や心理臨床を専門とする先生の話から、臨床心理学を専攻してカウンセラーになりたいという大学生や大学院生には、共感性の高い学生が多いように思います。これはもちろん望ましいことです。カウンセリング場面でカウンセラーは、来談者の話に共感的な理解ができなければ、カウンセリングは成り立ちませんので、基本的な要件ともいえます。

こうした大学生や大学院生から話を聞いてみると、多くの人から「むかしとても無気力な友人がいて、彼のような人を助けたいと思ってカウンセラーを志望した」とか、「家族のなかにいじめを受けたり、引きこもってしまったりしたきょうだいがいて、彼女を助けたいと思ってカウンセラーをめざした」との回答が返ってきました。

カウンセラーとして困っている人を助けたいという思いは素晴らしいのですが、共感性が高すぎて来談者の気持ちに寄り添いすぎると、カウンセラーという仕事に疲れてしまうことがあります。さらには、その日に面接をした来談者の悩みについて、カウンセリングが終了したあともたびたび思い出して考えこむような人もなかにはおり、これではカウンセラーを続けることが困難になります。カウンセラーはそれでなくても忙しく、また忙しいときにはつぎつぎに会う来談者の話に共感することが求められますので、精神的に大きな疲労を感じることも多い職業です。

それゆえ、カウンセラーが来談者の話に共感することは大事ですが、自分を見失わない適度の共感であること、さらに仕事上の共感体験が反芻されて自分を悩ませることがないようにコントロールすることが求められます。そうしたことができない人は、いくら共感性が高くても、カウンセラーにはならないほうがよいと考えます。これもカウンセラーに求められる適性ではないでしょうか。なお、このようなことは、医師や看護師はじめ対人援助職に携わる人にはみな当てはまると思われます。

現在、カウンセラーや医師、看護師などの対人援助職に就いている人のなかには、仕事上共感することがあまりにも多かったり、とても強く共感してしまったりして共感することに疲れてしまう「共感疲れ」という現象が起きている人も多いようです[17]。もともと共感性の高い人がこうした仕事に携わりますので、業務管理者はこの点に十分配慮する必要があります。もちろん、本人もこうしたことを自覚して予防することが重要です。

## 共感性の欠如の影響

ふつうに共感性が低いという場合は、欠如と表現されるほどの状態ではありません。しかし、これから紹介する精神疾患や精神障害では、共感がほとんど認められないような欠如した状態であり、そのことが疾患の主症状や大きな特徴になっています。ここでは、こうした疾患について簡単に説明します。

共感性の欠如を主症状とする疾患としてよくあげられるのは「サイコパシー（psychopathy）」で、精神病質ともいいます。そしてその患者のことは、「サイコパス（psychopath）」といいます。これまで本書で紹介してきた利己性やそれが高じた場合の反社会性がとても強くなった状態といえるかもしれません。アメリカ精神医学会による「ＤＳＭ－５：精神疾患の分類と診断の手引」の邦訳版[18]によると、反社会的パーソナリティ障害のひとつに分類されていますので、このような状態と形容してもよいと考えられます。

この疾患は共感性の欠如を主症状としますが、そのほかに極端な冷酷さ、無慈悲、エゴイズム、感情の欠如、結果至上主義なども特徴としてあげられます。読者のなかには、マスコミ等の影響で、サイコパス＝猟奇的殺人者、というようなイメージがあるかもしれませんが、現実的には医者や経営者として仕事で優れた業績を上げている人も多くいるようです。その意味では、努力をすれば社会に順応して生きていけるパーソナリティの障害だといえます。

二つめは、「自閉症スペクトラム障害」（自閉スペクトラム症ともいう）で、従来は自閉症として知られていた疾患です。呼称や病態の説明が微妙に変化しているため、自閉症とまったく同じとはいえませんが、ほぼ同じような疾患と捉えればよいでしょう。発達障害のひとつです。

この疾患について平易な説明をしている松尾[19]によると、以下のように三つの特徴的な障害がみられます。

第一は人とのかかわり方の障害で、アイコンタクトがむずかしい、顔の表情や身振りで考えていることを伝えることができない、人と感情を伴った交流ができない、などが含まれます。

第二はコミュニケーションの障害で、人との会話が成立しない、その場に関係のない言葉を繰り返す、ごっこ遊びや人の物まね遊びができない、などが含まれます。

そして第三は行動や興味の狭さの障害で、自分が興味のある限られたことにだけに異常に熱中する、手のひらをパタパタさせたりねじ曲げたりなどの変わった刺激を好む、などが含まれます。

これらの特徴から、自閉症スペクトラム障害の人とくに子どもは、他者理解や他者とのかかわり方を自然に学ぶことが苦手であることが指摘されており、まさに共感性の欠如（場合によっては欠如ではなくかなりの弱さ）がその大きな原因であると考えられます。

さらに松崎・川住・田中のレビュー論文[20]においても、自閉症スペクトラム障害は、他者の感情、認知、欲求などを認識し理解する認知的共感性の障害といえるとしています。第2章で説明しましたが、個人的苦痛も高いことがわかっています。悲惨な場面に出会うと気持ちが動転して、パニックのようになることも多いようです。

三つめは、自己愛性パーソナリティ障害です。この障害の人は、誇大性、賞賛への欲求、共感性の欠如を特徴とし、平易にいえば、ありのままの自分を愛することができず、自分は優れていて素晴らしい特別な存在でなければならない、と強く思い込んでしまう人のことです。この障害でも、共感性の欠如が特徴のひとつにあげられています。

以上のような代表的な疾患・障害のほかに、情動的共感性の対極に位置する妬みや、シャーデンフロイデも強すぎる場合には問題になる可能性が高いでしょう。

## ●向社会的行動の影響

向社会的行動がもたらす影響は多様です。向社会的行動を行った結果、満足を感じた場合には向社会性が培われるほか、心の健康や適応も促進され、幸福感も増すことが予想されます。

ここでは、心の健康や適応、ミドラルスキーの提言、シュタウブの先見の明、向社会性の促進という順序で説明していきます。

### 心の健康や適応がもたらされる

わが国では、心の健康や適応に関して、以下のような研究がありました。

まず、本間・内山[21]は、小学五、六年生を対象にした調査によって、向社会的行動が多いと、学校への適応感の指標である学校肯定感（学校が好きであるという思い）が促進されることを明らかにしました。

　また、阪田[22]は、セリグマン[23]の、利他主義やそれに基づく向社会的行動が、個人の満足感や幸福感に影響するという考えに基づき、大学で部活動に従事している大学生330名程度を対象にして、利他主義、具体的には共感や利他的動機が部活動における支援・応援行動を促し、そうした支援・応援行動が部活動満足感を促すという一連のプロセスを検討しました。向社会的行動とくに応援場面での向社会的行動が、部活動に従事する大学生の精神的健康や適応に寄与することが示唆されました。

　さらにわが国における思いやり研究の第一人者である菊池[24]は、それまでの多くの研究をレビューして、向社会的行動が心の健康や適応を促進する旨を報告しています。たとえば、社会的責任感、養護欲求、援助的態度、道徳的判断力が促進される一方で、目的のためには手段を選ばず、反道徳的な行為でも結果が良ければ正当化されるという考え方であるマキャベリズムが抑制されること、さらに適応に重要な社会的スキルが獲得されやすいこと、などが例としてあげられています。

### ミドラルスキーの提言

　ミドラルスキー[25]は、向社会的行動のなかでも援助行動に焦点をあて、援助行動が果たす機能、そのなかでもおもに自分が他者に対して援助行動をすることによるメリットについてまとめました。重要な指摘が多いので、高木[26]を参考に紹介します。

**①自分がストレスに苦しんでいる場合、自分自身の問題にとらわれることから気を紛らわすことがで**

**きる。**

ストレスの多い社会ですが、ストレスを感じると不安、当惑、怒りといったネガティブな感情に支配されかねません。ところが、そうしたストレスやその結果としてのネガティブな感情に関心を向けるのではなく、他者の同じような状態に目を転じ、他者に対して援助行動をすることによって平静を取り戻すことができるというのです。この機能は、第7章で紹介する「マインドフルネス」のそれにとてもよく似ています。

第二次世界大戦中に起きた、自分も援助が必要な状態であったにもかかわらずユダヤ人の救援活動に携わった人とそうでない人を比べてみると、前者のほうが、気が紛らわされたという事例が報告されています。

**②自分の人生の有意義感や社会的価値感を強めることができる。**

たとえば、65歳を過ぎた高齢者でも、他者を援助する経験をもつことによって自分が有意義な社会的役割を担っており、社会的に価値のある存在であると感じられます。先にもボランティアについて述べましたが、高齢者のボランティアには、とくにこのような機能が認められると思います。

**③自己評価を高めることができる。**

自己評価は自己有能感や自己価値感、自己効力感などと言い換えることもできるでしょう。もちろん、他者を助けたり応援したりする行動によって、自分が有能な存在であることが確認できますので、こうした認知や感情も高められるでしょう。

**④気分をよくすることができる。**
社会的に価値があると思う援助行動を行えば、当然気分がよくなることが予想されます。また、悪い気分を払拭することもできるでしょう。
**⑤社会的統合を促すことができる。**
見知らぬ人を助けることによって、我々感が醸成できますので、社会的統合や共同体意識の促進に寄与するといえます。

以上のような機能が十分に発揮されることを通して、援助行動は精神的な健康や幸福感に寄与することは間違いないと考えます。

### シュタウブの先見の明

シュタウブ[27]は、これまでに紹介した研究が積み重ねられるずっと前に、思いやりのある人の特徴を以下のようにまとめました。先のミドラルスキーの提言とよく似ており、シュタウブは先見の明がある研究者だったように思います。なお、括弧内は筆者が加筆しました。

「思いやりのある人（向社会的行動の多い人）は、よい気分、高い自己評価（自尊感情）、高い幸福感をもつ人であり、自分にとらわれることが少なく（劣等感や妬みに苛まれることなく）、有能感や強さの感覚さらに他人に対する慈善的感情をもっています。」

そういえば、奈良教育大学に勤務していたころ、１歳の息子を連れて、妻と一緒に旅行に出かけたことがあります。旅行といっても私の講演に妻と息子を連れて行っただけなのですが、帰りの近鉄電車のなかで、つぎのようなことがありました。

車内は勤め帰りの通勤客で混雑していて、私も妻も座ることができませんでした。いつものように私は息子を抱っこして妻は荷物をもって座席の前に立ち、窓のそとの風景を見ていると、ちょっと素敵な30歳くらいの男性が「この席にお座りください」と言って、私に席を譲ってくれました。息子を抱っこしたまま、私は妻の了解を得て（妻のほうが重い荷物をもって疲れていると思っていたので）、その男性に「ありがとうございます」と言って座りました。

しばらくすると私の隣の席も空き、妻も〝やっと座れる！〟といった表情で座りました。私はねぎらいの気持ちを込めて〝お疲れ様〟というようなめくばせをしました。そのとき、妻が「あなたに席を譲ってくれた人、どんな仕事をしている人か、わかった？」と問うてきました。しばし考えこんでいると、妻は物知り顔で「弁護士さんだと思うわ、背広の胸に秤のバッジを付けていたでしょう。あれは弁護士さんの印よ」と言いました。私ははじめてそのことを知りましたが、さもありなんと納得し、改めて彼氏に感謝した次第です。つぎの瞬間、息子が大きな声で泣きだしはじめ、そんな息子をなだめている間に近鉄奈良駅に着いてしまいました。気持ちのよいエピソードを残し、講演旅行は無事終わりました。

混雑している電車のなかで躊躇せずに席を譲ってくれた思いやりのあるこの男性は、おそらく自分の仕事にプライドをもち、バリバリ仕事をしている有能な弁護士さんだったのでしょう。その特徴はシュタウブの指摘と一致しています。弁護士という仕事にこだわるわけではありませんが、やはり仕事柄、正義感や向社会性が高いのだろう、と思いました。

### 向社会性の促進

向社会的行動を頻繁にしていると、満足感が蓄積され向社会性も促進されます。向社会性が促進されるとともに、心の健康や適応も増進されるでしょう。

心理学の研究では、これまで取り立てて向社会性を測定することはしなかったようです。私共の研究[5]でも、海外の研究に準じて向社会的行動を多く行う人を向社会性が高い人としています。向社会的行動のみなもとには向社会性という志向性が仮定できますので、このような方法でも問題はないと考えます。

なお、右記と同様に考えると、利己的行動を多く行う人は利己性が高く、反社会的行動を多く行う人は反社会性が高いとしてさしつかえないでしょう。

## ●まとめ

本章では、思いやりの気持ちとしての共感性と、思いやりの行動としての向社会的行動によって、向社会性や心の健康・適応が促進されることを中心に説明をしました。説明の流れは「共感性 ↓ 向社会的動機→向社会的行動（攻撃行動の抑制）→満足など→向社会性や心の健康・適応」に沿っています。

共感性は、向社会的行動を促進し攻撃行動を抑制すること、向社会的な学習活動を促進すること、つぎにカウンセラーや看護師など対人援助を主たる仕事とする人にとっては高すぎる共感性や持続的に共感が求められる事態によって共感疲れが生じること、さらに共感性が欠如している精神疾患（障害）として、サイコパシー、自閉症スペクトラム障害、自己愛性パーソナリティ障害を説明しました。

つぎに向社会的行動はまさに心の健康や適応、さらには向社会性の形成を促進することを、実際の研究のほかに著名な心理学者であるミドラルスキーの提言やシュタウブの先見の明のあるまとめを中心に紹介しました。

共感性と向社会的行動に分けて説明しましたが、「共感性→向社会的動機→向社会的行動（攻撃行動の抑制）→満足など→向社会性や心の健康・適応」という流れがありますので、共感性も向社会的動機や行動を通して、向社会性や心の健康・適応に影響することは明らかです。

**【文献】**

［1］伊藤忠弘（2011）「ボランティア活動の動機の検討」『学習院大学文学部研究年報』58, 35-55.
［2］桜井登世子・桜井茂男（2000）「ボランティアの動機についての検討」『日本教育心理学会第42回総会発表論文集』374.
［3］植村みゆき・萩原俊彦・及川千都子・大内晶子・葉山大地・鈴木高志・倉住友恵・櫻井茂男（2008）「共感性と向社会的行動との関連の検討――共感性プロセス尺度を用いて」『筑波大学心理学研究』36, 49-56.
［4］小田　亮・大めぐみ・丹羽雄輝・五百部裕・清成透子・武田美亜・平石　界（2013）「対象別利他行動尺度の作成と妥当性・

信頼性の検討」『心理学研究』84, 28–36.

[5] 村上達也・西村多久磨・櫻井茂男（2016）「家族、友だち、見知らぬ人に対する向社会的行動 ── 対象別向社会的行動尺度の作成」『教育心理学研究』64, 156–169.

[6] 櫻井茂男・葉山大地・鈴木高志・倉住友恵・萩原俊彦・鈴木みゆき・大内晶子・及川千都子（2011）「他者のポジティブ感情への共感的感情反応と向社会的行動、攻撃行動との関係」『心理学研究』82, 123–131.

[7] 村上達也・中山伸一・西村多久磨・櫻井茂男（2017）「共感性と向社会的行動および攻撃行動の関連 ── 成人用認知・感情共感性尺度を作成して」『筑波大学心理学研究』53, 91–102.

[8] 村上達也・西村多久磨・倉住友恵・鈴木高志・葉山大地・櫻井茂男（2011）「中学生用共感的感情反応尺度の予備的検討」『筑波大学心理学研究』41, 51–59.

[9] 村上達也・西村多久磨・櫻井茂男（2014）「小中学生における共感性と向社会的行動および攻撃行動の関連 ── 子ども用認知・感情共感性尺度の信頼性・妥当性の検討」『発達心理学研究』25, 399–411.

[10] 桜井茂男（1986）「児童における共感と向社会的行動の関係」『教育心理学研究』34, 342–346.

[11] 代表的なものとして、Eisenberg, E., & Miller, P. A.（1987）Empathy and prosocial behavior. *Psychological Bulletin,* 101, 100-131. および [12]。

[12] Roberts, W., & Strayer, J.（1996）Empath, emotional expressiveness, and prosocial behavior. *Child Development,* 67, 449–470.

[13] 桜井茂男（1991）「攻撃性と共感による攻撃行動と向社会的行動の予測 ── 児童用の新攻撃性尺度を用いて」『奈良教育大学紀要』40, 223–233.

[14] 代表的なものとして、Endreson, L. M., & Olweus, D.（2001）Self-reported empathy in Norwegian adolescents: Sex difference, age trends, and relationship to bullying. In A. C. Bohart & D. J. Stipek（Eds.）, *Constructive & destructive behavior: Implications for family, school, & society.* Washington, D.C.: American Psychological Association, pp.147–165. および [15]

[15] Miller, P. A., & Eisenberg, N.（1998）The relationship of empathy to aggressive and externalizing/antisocial behavior.

*Psychological Bulletin,* 103, 324-344.
[16] 櫻井茂男（2019）『自ら学ぶ子ども――4つの心理的欲求を生かして学習意欲をはぐくむ』図書文化社
[17] 菊池章夫（2014）「第5章　思いやりと共感――本当の思いやりはあるのか」日本心理学会（監修）／高木　修・竹村和久（編）『思いやりはどこから来るのか？――利他性の心理と行動』誠信書房 pp.82-102.
[18] アメリカ精神医学会／日本精神神経学会（日本語版用語監修）／高橋三郎・大野裕（監訳）（2014）『ＤＳＭ-５　精神疾患の分類と診断の手引』医学書院
[19] 松尾直博（2017）「第12章　障害児の心理と特別支援教育」櫻井茂男（編著）『改訂版　たのしく学べる最新教育心理学――教職にかかわるすべての人に』図書文化社 pp.215-232.
[20] 松崎　泰・川住隆一・田中真理（2016）「自閉スペクトラム症者の共感に関する研究の動向と課題」『東北大学大学院教育学研究科研究年報』64, 69-86.
[21] 本間優子・内山伊知郎（2017）「役割取得能力が学校適応に影響を及ぼすプロセス」『心理学研究』88, 184-190.
[22] 阪田俊輔（2017）「大学運動部員の利他主義のあり方が部活動満足感に与える影響」『２０１７年度笹川スポーツ研究助成報告書』286-292.
[23] セリグマン、M／小林裕子（訳）（2004）『世界でひとつだけの幸せ――ポジティブ心理学が教えてくれる満ち足りた人生』アスペクト〔Seligman, M. E. P. (2002) *Authentic happiness: Using the new positive psychology to realize your potential for lasting fulfillment.* New York: Free Press.〕
[24] 菊池章夫（2014）『さらに／思いやりを科学する――向社会的行動と社会的スキル』川島書店
[25] Midlarsky, E. (1991) Helping as coping. In M. S. Clark (Ed.), *Prosocial behavior.* Newbury Park, CA: Sage, pp.238-264.
[26] 高木　修（1998）『人を助ける心――援助行動の社会心理学』セレクション心理学7　サイエンス社
[26] Staub, E. (1979) *Positive social behavior and morality.* Vol. 2. *Socialization and development.* New York: Academic Press.

# 第6章　思いやりと、学習や仕事への意欲との関係

## ●大学院時代の思い出

四十年ほど前のことになりますが、私は筑波大学大学院心理学研究科に進学し、研究を重ねて博士号（教育学博士）を取得しました。当時の心理学研究科は、画期的な制度のもとに新設された大学院でした。というのは、修士課程二年と博士課程三年が一緒になり、五年間一貫して研究を重ね最後に博士号を取得する、という大学院だったのです。研究者になりたいと思っていた私には理想的な大学院でした。

心理学研究科が設置されて間もなく、私は三期生として入学しました。信州大学の教育学部を卒業し筑波大学の大学院に進みましたので、筑波大学（大学院）のシステムや雰囲気に馴染むまで、かなりの時間を要しました。それでも、親切な先輩や同輩に助けられて、しばらくすると同輩と同じくらいに研究が進められるようになりました。

私が所属していた研究室は児童心理学を専門とする高野清純先生の研究室で、常時八名程度の院生がいました。そうした院生は学習意欲を研究するグループと、思いやりを研究するグループに分かれて研究を進めていました。高野先生のご専門がこの二つの領域であったため、このような院生の構成になったものと思います。

私は学習意欲のグループに属し、おもに内発的動機づけの研究を進めていました。当時はのちにアメリカでの恩師となるエドワード・L・デシ先生の研究[1][2]にもっとも興味があり、さらに私自身も好奇心が旺盛でしたので、研究テーマとパーソナリティがよくマッチして研究に邁進することができました。大学院の恩師である高野先生の丁寧なご指導のもと、心理学研究科ではじめて、課程修了と同時に博士号（教育学博士）をいただくことができました。[3] とてもラッキーな大学院時代であったと思います。

## ●思いやり研究も手掛けるようになる

大学院入学当初、私は思いやりの研究には興味がありませんでした。思いやりに関する研究発表は聞き流す程度にして、求められれば安直なコメントをしていたように思います。いまは反省していますが！　学部在学中にアメリカに留学し帰国してすぐのころでしたので、当時の私は変に自信があり、相当に利己的だったようです。

しかし、思いやりの研究にどっぷり浸り、思いやりを研究している院生に親切にされたせいでしょうか、いつの間にか感化されました。少しずつではありますが、共感の研究に興味をもつようになりました。そして後輩の勧めで、大学院時代後半には、子どもの共感性を測定し向社会的行動との関係を検討する研究をしました。その成果[4]は大学院修了後にジャーナルに掲載されましたが、まことに有難いことでした。こうして思いやりについての研究も手掛けるようになり、その後紆余曲折はありましたが研究を続けて現在に至っています。しかし、主たる研究である内発的な学習意欲の研究に思いやりの研究が影響することはまだありませんでした。

## ●「向社会的な学習意欲」の登場

当時の動機づけ研究、とくに内発的な学習意欲の研究においては、当該意欲によって喚起される学習はおおむねひとり（独力）でするもの、と考えられていました。興味・関心のあることはひとりで探究するもの、として研究が進められていたのです。

教育心理学分野では近年、教育現場での実践的な研究が注目されています。学校での授業場面を想定して集団（クラスやグループ）で行う学習が中心的なテーマとなり、共感性や向社会性など対人関係の要因も十分に配慮して進めるように変わってきました。簡単にいえば、学校での授業場面に適用できる動機づけの研究や理論が求められています。

こうした流れのなかで私も、内発的な学習意欲だけでなくそれを含めた「自ら学ぶ意欲」という大きな枠組みで研究を再スタートすることになりました。そして登場したのが「向社会的な学習意欲」

です。大学院以来の思いやり研究が重要な刺激となりました。向社会的な学習意欲とは、他者（クラスメイトなど）を援助したい、集団（クラスやグループなど）の役に立ちたい、という向社会的欲求に基づく学習意欲[5][6]のことです。

読者のなかには、授業場面では当然こうした意欲も働くのであって、当たり前のことではないか、と思われる方もおられるでしょう。残念なことでありますが、私はそれまで専門バカだったようです。内発的な学習意欲の研究に夢中になっていて、気づけなかったのです。

## ●向社会的な学習意欲の例

それでは、授業場面における向社会的な学習意欲の例をあげましょう。中学生時代を思い出してください。

「あなたの親友であるクラスメイトが、数学の授業中にある問題が解けずに悩んでいます。一緒に授業を受けていたあなたは、数学が得意で、その問題、あるいは関連する問題群についてもうまく解ける自信があります。あなたはどうするでしょうか。」

もしあなたに向社会的な気持ちが強ければ、自分がしっかり授業を受けて解き方を学び、授業後や放課後にその親友にやさしく教えてあげようと思うのではないでしょうか。自分がしっかり学び、そしてその成果を親友のために役立てる、という思いで、自ら学ぼうとするのではないでしょうか。

このような、向社会性あるいは向社会的欲求にみなもとをもつ学習意欲のことを「向社会的な学習意欲」といいます。もちろん、クラスメイトとの助け合いや協力による学習が、子どもたちの学習成果を質量ともに高めてくれることは間違いありません。

そこで以下では、櫻井[6]などを参考に、自ら学ぶ意欲の新しい捉え方を紹介し、学習場面における動機づけプロセスについて考えてから、四種類の自ら学ぶ意欲とそのみなもととなる心理的欲求との関連や心理的欲求を充足すること、などについて詳しく説明します。じつは向社会的な学習意欲を含む自ら学ぶ意欲は、子どもの学習（授業）場面だけでなく、大人の仕事場面でも同じように働きます。そのような例もあげながら、社会人が仕事に積極的に取り組めるヒントも提供したいと思います。

## ●自ら学ぶ意欲の新しい捉え方

図6-1をご覧ください。これまでの研究から[5][6]、学習意欲は、学習への自発性および自律性によって二つに分けられます。

ひとつは、自発性あるいは自律性が高い「自ら学ぶ意欲」、もうひとつは自律性が低い（あるいは他律性が高い）「他律的な学習意欲」です。

自ら学ぶ意欲とは、とくに幼少のころは自発的に、そしてメタ認知が発

- 学習意欲
  - 自ら学ぶ意欲（自律的な学習意欲）
    - 内発的な学習意欲
    - 達成への学習意欲
    - 向社会的な学習意欲
    - 自己実現への学習意欲
  - 他律的な学習意欲

図6-1　学習意欲の分類

達する小学校高学年以降では自律的に学ぼうとする学習意欲のことです。自律的に学ぼうとする意欲には、もちろん自発性が伴います。またメタ認知は、最近の心理学や教育に関係する書物でよく見かける用語です。学習場面では、自分の学習状況をモニターし、学習がうまく進んでいない場合にはやり方などを調整して学習が成功裏に終わるようにする力のことです。

一方、他律的な学習意欲とは、他者からの指示によって、多くの場合は仕方なく学ぼうとする学習意欲のことです。

自ら学ぶ意欲は、さらに四つに分類されます。それらは、①内発的な学習意欲、②達成への学習意欲、③向社会的な学習意欲、そして④自己実現への学習意欲です。

内発的な学習意欲とは、未知のことや不思議なこと、詳しいことなどおもに興味・関心があることを探究したいという意欲です。この意欲はよく研究されていて[3][7]、幼少期から老年期まで活発に働きます。

達成への学習意欲とは、努力をすれば何とか達成できるくらいの高い目標を設定し、その達成のために頑張ろうとする意欲です。潜在的な才能を引き出す意欲となります。フィギュアスケートの羽生結弦選手やプロ野球のイチロー元選手は、この意欲によってものすごい成果を上げることができたのだと思います。

三つめは向社会的な学習意欲で、子どもの場合には、クラスの人やグループの人のために自分が教えたり協力したりして、役立ちたい貢献したいという意欲です。内発的な学習意欲を中心にした最初のころの自ら学ぶ意欲の研究では、このような学習意欲は設定されていませんでした。新たに登場した学習意欲といえます。中学生のころ、私が授業中に数学の問題が解けなくて困っていると、求めてもいないのに首を突っ込んできて、あれこれと説明してくれた幼馴染みがいました。いまは懐かしい思い出です。

四つめの自己実現への学習意欲は、たとえば、教師になりたいとか、海外でボランティアができる人になりたい、といったような将来や人生の目標を自ら設定し、その達成をめざして学習をしようという長期的な意欲です。先の三つの意欲はどちらかといえば、いま現在の学習に対する直近の意欲ですが、自己実現への学習意欲は長期的な意欲で、将来や人生の目標の達成をめざしているため、いまの学習にも影響を与える意欲となります。

小学校高学年くらいになると、二次性徴によってもたらされた自分への興味を、成熟した大人並みの思考力で分析して自己理解が進みます。その結果、こうした意欲が喚起され、自分の将来を展望し、人生の目標を自ら設定し、その達成のために努力します。キャリア発達のための学習意欲といってもよいでしょう。将来の夢（人生の目標）は、幼少期の「夢のような夢」から進化した実現可能性が高い夢であり目標です。こうした夢を実現するために、子どもたちは嫌いな教科でも我慢して学習するようになります。その意味でも、この意欲のパワーはすごいと思います。また、自己実現への学習意欲は向社会的な学習意欲と強く関連しています。他者や社会のためになりたいということで、将来の目標を医師になることや教師になることなどとする人も多いのではないでしょうか。

## ●他律的な学習意欲はダメな意欲なのか

ところで、教育の世界では長らく内発的な学習意欲は望ましく、他律的な学習意欲すなわち他者の指示に従って学ぶ学習意欲は望ましくないダメな学習意欲であると考えられてきました。ほんとうに、他律的な学習意欲はダメな意欲なのでしょうか?

私は必ずしもそうは思いません。私たちはいつでも自ら学びたいと思って学んでいるわけではありません。誰でも、他者に言われて仕方なく学びはじめることがあります。しかしそのうちにその学びが楽しくなって、やがて自分から学ぶようになります。それは、学ぶ内容が理解できたり、良い結果が得られたりするとうれしく楽しくなるからです。

とくに無気力になって沈んでいるようなときは「やってごらん」とか「やったほうがいいよ」といったやさしい言葉は心にしみます。いやではあるけれども、信頼できる人がそう言ってくれるなら学んでみよう、という気持ちになり、学びはじめます。そして他者に勧められれば何とか学べるようになり、少しずつ学びのおもしろさや楽しさが感じられ、やがて自ら学ぶようになるのです。

こうしたことから私は、他者に言われて仕方なく学ぶという意欲にも、自ら学ぶ意欲への前段階として重要な意味があると考えます。ただし、他律的な学習意欲が高く、そして長く続くような場合は要注意です。のちに説明しますが、そうした他律的な学習意欲のみなもとには、肥大した獲得欲求やゆがんだ愛情・承認欲求があるのです。これらの欲求を普通の状態に戻さなければ、自ら学ぶ意欲は回復しません。

## ●学習場面における動機づけプロセス

三十年ほど前でしょうか、私は幸運にもアメリカ・ロチェスター大学のデシ教授のもとで、動機づけの研究をする機会を得ました。そのとき学習意欲のみなもとには「心理的欲求」があることを改めて学びました。この心理的欲求がこれからの説明ではとても大事になります。

以下では、自ら学ぶ意欲がどのように発現するのか、そのプロセスについて、ならびに自ら学ぶ意欲の育て方について説明します。ただその前に、基礎的な知識として、学習場面における動機づけというプロセスについて簡単に紹介しておきます。

図６-２をご覧ください。ここには、学習場面における動機づけのプロセスが図解されています。

図のなかにある「心理的欲求」とは、学習活動を活性化するみなもとです。簡単にいえば、〝何か〟を学びたいという欲求です。のちに詳しく説明しますが、これには知的好奇心、有能さへの欲求、向社会的欲求、そして自己実現の欲求が含まれます。一方、学習意欲というのは、具体的に

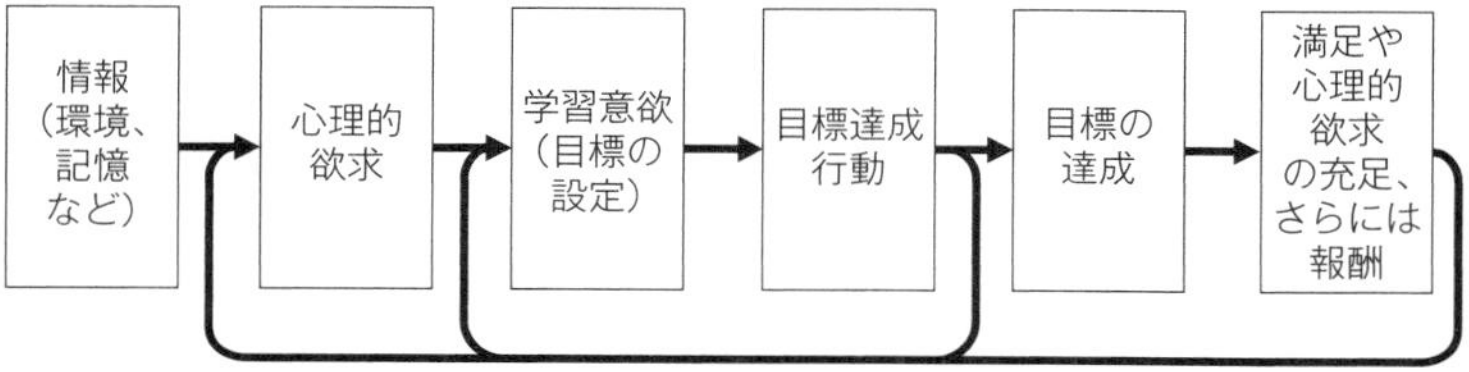


図 6-2　学習場面での動機づけのプロセス（櫻井, 2020 [6]）

〝何々〟を学びたいという意欲で、自ら学ぶ意欲と他律的な学習意欲に大別されます（図6-1参照）[6][7]。

さらに理解を深めるために、図6-2に従って、自ら学ぶ意欲に基づく授業場面での学習過程を紹介しましょう。

子どもたちは授業の導入部分において、教師から興味深い話（あんなに大きな飛行機がなぜ空を飛べるのか：情報）を聞くと、心理的欲求（この場合は知的好奇心）が活性化し、その謎を解明したいという学習意欲（内発的な学習意欲）が喚起されます。この意欲に含まれる目標は謎を解明することであり、その目標を達成するために、教師の指導を受けながら教科書を読んだり、図書館で図鑑や事典を調べたり、クラスメイトと話し合ったり、さらに解決できない場合はネットで調べたりして、その謎の解明に挑みます。こうして目標達成行動としての学習活動が展開され、その結果として謎が解ければ（目標が達成されれば）、子どもたちはそのことに満足し、学ぶこと（ここでは探究することや理解すること）のおもしろさや楽しさを感じるでしょう。この気持ちが知的好奇心という心理的欲求を充足し、心理的欲求の感度を上げることになります。

知的好奇心が充足されその感度が上がれば、つぎの授業の導入において教師がロケットについての興味深い話（情報）をすれば、前回の飛行機のときよりも容易に、知的好奇心が活性化し、ロケットはなぜ宇宙にまで飛んで行けるのだろうか、といったような疑問をもち、その解明に挑むことになるでしょう。このようにして、学習における動機づけのプロセス（図6-2）は、うまく機能し続けることが期待されます。

## ●心理的欲求、自ら学ぶ意欲、そして学習結果がもたらすもの

図６-２の説明で学習における動機づけのプロセスは理解できたと思いますので、ここでは先に紹介した①四つの自ら学ぶ意欲（図６-１参照）、②そのみなもとになる心理的欲求、③学習の結果（目標の達成）によってもたらされるものすなわち心理的欲求の充足、の関係について説明します。これは自ら学ぶ意欲に関連するとても基本的な事項なので、しっかり理解していただくことが重要です。

表６-１をご覧ください。自ら学ぶ意欲を四つに分けて説明します。

### 内発的な学習意欲

内発的な学習意欲のみなもとにある心理的欲求は、「知的好奇心」と「有能さへの欲求」です。知的好奇心は未知のことや珍しいこと、詳しいことを探究したいという欲求であり、有能

表 6-1　心理的欲求、自ら学ぶ意欲、学習結果がもたらすものの関係

（櫻井 , 2020 [6]）

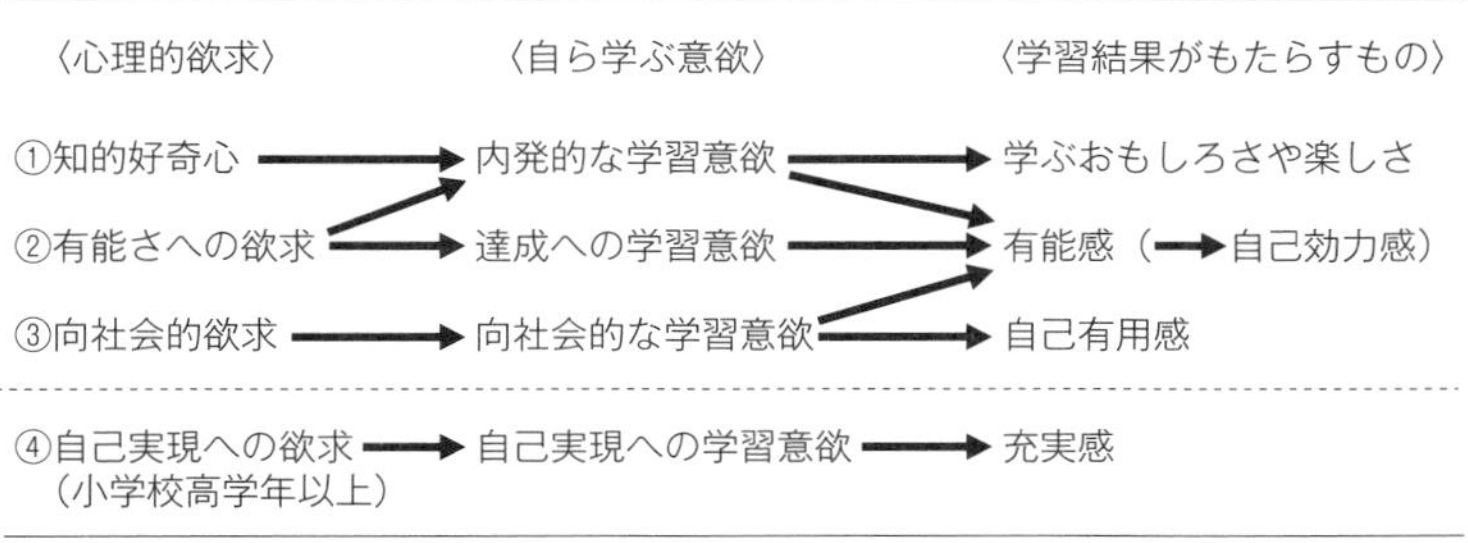

さへの欲求はもっと賢くなりたいという欲求です。内発的な学習意欲のみなもととしては知的好奇心が主となりますが、興味・関心をもったことをより深く探究しようとする側面もあるため、有能さへの欲求も関係しています。そして、こうした欲求を刺激することで内発的な学習意欲が喚起され、具体的な目標のもとに学習活動が展開されます。

そして学習活動が終わると、ひとつには「学ぶおもしろさや楽しさ」を感じます。これから紹介する以下三つの学習意欲では、目標を達成することが心理的欲求を充足する前提となりますが、内発的な学習意欲の場合には、うまく達成できずにたとえ失敗に終わったとしても、学習後には「学ぶおもしろさや楽しさ」を感じ、知的好奇心を充足することができます。なぜならば、学習活動を展開している最中に、すでに学ぶことのおもしろさや楽しさを感じているからです。その意味で、内発的な学習意欲は特殊な学習意欲です。なお、学習活動が成功裏に終われば満足し、同時に成功した原因が「自分が頑張ったから」あるいは「頭が良いから」と自己評価されれば（これを「原因帰属」といいます）、有能感を感じることになります。

たとえば、テコの原理に関する理科の授業で、どんなときでもテコの原理が成り立つかどうか実験で確かめたい、と思うのは、内発的な学習意欲の現れと考えられます。このようなとき、たとえ最初の挑戦で失敗しても、その後の実験がうまく進めば、実験して確かめるという学びのおもしろさや楽しさが感じられ、知的好奇心が充足されると同時に、おそらく有能感も感じられ、有能さへの欲求も充足されるでしょう。そして、場合によっては、さらに詳しく調べたいというような、新たな内発的な学習意欲も喚起されます。

## 達成への学習意欲

達成への学習意欲のみなもとにあるのは有能さへの欲求です。有能さへの欲求が刺激され、達成への学習意欲が喚起されると、自分が努力すれば達成できるような高い目標を設定し、その達成をめざして学習活動が展開されます。達成目標は小学校高学年以上であればまさに自分で、それ以前であれば教師のサポートを受けて自分で設定することが望ましいといえます。他者から押し付けられて設定された場合には自ら学ぶ意欲ではなく、他律的な学習意欲になります。他者からのサポートを受けて自分で決める場合には、自ら学ぶ意欲です。

達成への学習意欲では高い目標を設定しそれを達成しようという点が特徴であり、努力ならびに努力の継続である粘り強さが重要になります。そして、努力の結果として目標が達成できれば、満足とともに「有能感」を感じることになるでしょう。もちろん、有能感を得るには成功の原因を努力や自分の能力に帰属することが必要です。また、やっと達成できるような高い目標が達成された場合や、押し付けられたのではなく自ら決めてクラスメイトと競争して勝ちたいというような目標が達成された場合には、とても高い有能感を感じることができるでしょう。

たとえば、体育の授業における短距離走のことを想像してください。オリンピックの100メートル走ですごく速い走りを見たような場合、子どもは体育の授業における短距離走で「自分も1秒でも速く走れるようになりたい」との思いを抱き（達成への意欲）、一生懸命頑張るのではないでしょうか。こうした目標のもとに猛練習をして自分の記録がぬり替えられれば、満足とともにその努力を認め、有能感を感じることができるでしょう。そうなれば、有能感は有能さへの欲求の感度を高め、８００メートル走でも同じように挑戦したいという新たな達成意欲も喚起されやすくなるでしょう。

なお、有能感が蓄積されると、つぎもやればできる！という「自己効力感」が高まります。この効力感は努力や粘り強さを後押しするものになります。ハッティ[8]は、学業成績を予測するもっとも有力な要因として自己効力感をあげました。私も同意します。

## 向社会的な学習意欲

向社会的な学習意欲のみなもとにあるのは、「向社会的欲求」です。これは他者や社会のために役立ちたい、貢献したいという欲求であり、欲求が刺激され向社会的な学習意欲が喚起されれば、具体的な目標が設定され、それを達成しようと学習活動が展開されます。

子どもの場合には、授業でクラスの人やグループの人の役に立つための目標を設定して頑張ることになります。もちろん、こうした学習意欲が喚起されるためには、第1章で説明したように、向社会性が高く共感性が喚起されやすい状態であることが前提になるでしょう。そして目標が達成されれば、「自己有用感」を感じます。自分がクラスやグループの重要なメンバーであり、彼らに認められた存在であることを実感できます。これはクラスやグループにおける居心地の良さをもたらすことにもなるでしょう。自己有用感は心理学では対人的有能感や社会的有能感とも呼ばれます。

なお、向社会的な学習意欲は、学習活動と関連した意欲ではありますが、先に紹介した内発的な学習意欲や達成への学習意欲とは異なり、クラスメイトの学習を助けることというような社会的・対人的な目標の達成に重きをおく異色な学習意欲といえます。ただし、クラスメイトを学習で助けるためには自分も深く学ばなければなりませんので、学習それ自体を深く学ぶことにも当然動機づけられ、達成への学習意欲とも関係します。さらに学習内容が自身の興味・関心と強く関係しているようなときには、クラスメイトと協力してより深く学ぶことに内発的に動機づけられます。こうした点で、直接的には他者のために役立つことを指向する向社会的な学習意欲ですが、自分が深く学ぶために達成への学習意欲や、場合によっては内発的な学習意欲とも関連し、学習での有能感や、学ぶおもしろさや楽しさを感じる機会も提供します。

向社会的な学習意欲の例をあげましょう。勉君は高志君のクラスメイトであり親友です。勉君は算数の勉強が苦手なので、高志君は自分が得意な算数の勉強で勉君を助けてあげたいと思い、向社会的な学習意欲が喚起されました。算数の授業を一生懸命聞いて理解し、放課後、勉君にわからないところを教えてあげました。

高志君本人は、勉君を助けるために算数の勉強を一生懸命しました。もちろん、授業に主体的にかかわりましたが、彼の本来の目的は、親友である勉君を助けることです。したがって、こうした学習には向社会的な学習意欲とともに、達成への学習意欲も関係しています。このようにして深く学び、親友を助けることができれば、高志君本人は満足とともに自己有用感と、学習に関する有能感を感じることができます。

なお、向社会的な学習意欲に関連して、興味深い研究があります。

大谷ら[9]は、小学五、六年生を対象に、クラスの向社会的な目標が内発的な学習意欲や学業に関する自己効力感にどのような影響をもたらすかを検討しました。クラスの向社会的な目標は「このクラスでは相手の気持ちを考えることが大事にされています」というような項目で測定されました。

分析の結果、こうした目標を肯定的に受け止めた子ども、すなわち向社会的な学習意欲が喚起された子どもは、お互いの得意な勉強内容を教え合う、興味のある勉強内容について話し合う、わからない問題を一緒に考えたり調べたりする、といった協同学習が増え、その結果として、内発的な学習意欲や学業に関する自己効力感も促進されることがわかりました。すなわち、他者を思いやるクラスの目標がクラス内で共有され、子どもたちに向社会的な学習意欲が喚起されると協同学習が促進され、その結果として内発的な学習意欲も促進されたり、成功経験の蓄積によって自分でもやればできるという自己効力感も高まったりすることが明らかになったのです。向社会的なクラス目標は、どのような対応でクラスの子どもたちに共有されるのか、その点は今後の検討課題ですが、向社会的なクラス目標は自ら学ぶ意欲の向上に有効です。

## 自己実現への学習意欲

自己実現への学習意欲のみなもとにあるのは「自己実現の欲求」です。この欲求は著名な心理学者であるマズロー[10]による「欲求の階層説」で有名になりました。自分の長所を生かし自分らしく生きたいという欲求であり、これがみなもとになって、自己実現への学習意欲が喚起されます。そして将来や人生の目標が設定され、それを達成するために長期的な学習に励みます。ただし、自己実現の欲求は早くても小学校高学年くらいから機能するようになるため、そのころにならないと自己実現への学習意欲も生じません。

小学校高学年のころになると、自己理解が深まり、将来を展望して自己実現の欲求が高まります。親や教師のアドバイスや指導によって自己実現への学習意欲が喚起されると、将来はこういう仕事につきたい、こういう生き方をしたいといった将来や人生の目標が形成され、その目標を達成するために具体的な学習活動が展開されます。自己実現への学習意欲は、将来や人生の目標を達成するために働く意欲ではありますが、現実的には、長期の計画を立て、その計画のもとにそれぞれの時点における学習目標を達成することで、将来や人生の目標も徐々に達成できているという判断から、学習する自分に満足し「充実感」を感じることができるのです。

なお、自己実現への学習意欲は、いわゆる自分の夢（実現可能性の高い夢）の実現をめざす意欲ですが、途中で挫折することやその夢を変更せざるを得ないこともあります。しかし私たちは、そうした困難をひとつずつ乗り越えてたくましく成長していきます。

## ●極端な他律的な学習意欲のみなもとにあるもの

他律的な学習意欲によってしか学習が進められないケースの場合には、そのみなもとには独自の心理的欲求が存在します。

そのひとつは「肥大した獲得欲求」[11][12]です。獲得欲求とは、金銭や物品を獲得したいという欲求です。著名な社会心理学者であるマレーが作成した欲求リストではそのトップにあげられている欲求であり、誰にでもよくある欲求といえます。通常この欲求は、適度に充足されれば肥大化することはないのですが、幼いころよりご褒美などの外的報酬につられて学習活動を繰り返していると、この欲求が肥大化します。他者が魅力的なご褒美を提供し続ける限り、このような欲求に基づく他律的な学習意欲でも学習は進みますが、一度ご褒美がストップされると学習は起こらなくなります。その点が大きな問題といえます。

さらにもうひとつ、自分にとって大切な人から愛されたい承認されたいという愛情・承認欲求も関係しています。ただし、ここで問題になるのはゆがんだ愛情・承認欲求です。

幼いころ、両親からの温かい養育行動を通して培われる、愛されたとか認められたといった思いが極端に乏しく、愛情欲求や承認欲求が充足されずに育った子どもの場合には、母親や父親、友だちなど、自分にとって大切な人に愛されたい、認められたいという欲求が非常に強くなり、他者が指示するままに他律的に学習に取り組むようになります。このような子どもは学習に受動的になり、主体性はほとんど認められません。とても悲しい状態といえるでしょう。ただし、臨床心理学的には十分に愛したり承認したりしてくれる人が現れれば、こうした欲求は充足されて適度な水準に戻り、自ら学ぶ意欲も順当に働くようになると考えられています。

繰り返しになりますが、以上は極端なケースの場合であり、自ら学ぶ意欲が減退している状態で、信頼できる他者に勧められて他律的に学習に取り組むような場合には、右記のような心理的欲求は働いていません。右記のような欲求が働くのは特別なケースであるとお考えください。

## ●自ら学ぶ意欲による輝かしい成果

向社会的な学習意欲を含む自ら学ぶ意欲は、私たちに、どのような成果をもたらすのでしょうか。これまでの研究[12][13]によると、自ら学ぶ意欲に基づく学習はとても輝かしい成果や大きなメリットをもたらすことが明らかにされています。

ひとつは、質の高い学業成績をもたらすことです。他律的な学習意欲は暗記中心の機械的な学習を促進することが多く、学習直後の試験で記憶量を試すような問題が多く出題される試験では成績はよいようです。しかし、概念的な深い理解を問うような質の高い問題が出題されると芳しくありません。一方、自ら学ぶ意欲は深い理解が中心の学習を促しますので、学習直後も時間が経っても、質の高い問題での成績は良いようです。ただし、先の記憶量を試すような問題では、その成績は他律的な学習意欲のほうがよい場合もあります。

二つめには、自ら学ぶ意欲は思考力や創造力を高めます（たとえば、及川ら参照[14]）。これからはＡＩ（人工知能）が活躍する時代といわれます。これまで人間が行ってきた仕事の多くはＡＩに取って代わられるかもしれません。しかし高度の思考力や創造力が必要とされる仕事がＡＩに奪われることはまずないでしょう。人間がなしうる本来の仕事として今後も残る可能性が高いと考えられます。したがって、思考力や創造力が高まることは、未来に生きる人間にとってとても有利になるでしょう。

三つめは、向社会的な学習意欲がうまく働くことによって、学業成績の向上とともに対人関係が良好となり、クラスや学校での適応が良くなります。さらにそうした成果によって、精神的な健康も増進します。いまだに学校ではいじめが多い状況ですが、授業での協力や助け合いによってクラスのなかに居場所ができ、クラスメイトと率直な交流もできれば、いじめは減少するはずです。

最後に自己実現への学習意欲は、長期にわたって主体的な学習を促進します。これは子どものキャリアにとってとても大切なことです。その時々の学習へと動機づけられることも大事ですが、小学校高学年くらいからは、長期にわたって主体的に学習に動機づけられることはとても大きなメリットであると思われます。もちろん、学業成績も質が高く、安定したものが期待できます[15]。

以上、自ら学ぶ意欲による輝かしい成果やメリットを四点に絞って説明しましたが、これらの成果やメリットは、新学習指導要領で強調されている「主体的・対話的で深い学び」の実現と強く関係しています。

## ●大人における自ら仕事をしようとする意欲について

これまで、おもに子どもを対象とした研究から自ら学ぶ意欲の素晴らしさを紹介してきましたが、大人の仕事場面でも「自ら仕事をしようとする意欲」が同じような効果を発揮します。とくに「向社会的な仕事意欲」は職場で重要視されている良好な対人関係を促し、そこで働く人たちに精神的な健康をもたらしてくれます。

自ら仕事をしようとする意欲を、自ら学ぶ意欲と同じように四つに分けて説明していきますが、ワーク・エンゲージメント（仕事への積極的な取り組み）の研究[16]を踏まえ、その要素である「活力」「熱意」「没頭」とともに紹介します。

さらに、これまでの私の経験や同僚の話などから、仕事に積極的に取り組めるヒントについても随時紹介します。

## 内発的な仕事意欲

学習場面での内発的な学習意欲は、仕事場面では「内発的な仕事意欲」になります。また、ワーク・エンゲージメントの観点からは「熱意」（強い関心、やりがい）と「没頭」（仕事への集中と没頭）が関係します。

内発的に仕事に従事できれば、すなわち仕事に興味・関心をもち、没頭して楽しくできるようであれば、それほど幸せなことはありません。

ただし仕事は学習と異なり、生活するための報酬を得る、いわゆる手段的な活動でもあります。それゆえ理論的にいえば、仕事の意欲は他律的な意欲に分類されることになります。報酬を得るために他者に指示されて他律的に仕事をしているということになるでしょう。しかし現実的にはどうでしょうか。多くの労働者はそうした意識はそれほど強くなく、常時は報酬のことをあまり考えずに仕事に取り組み、興味・関心をもっていきいきと取り組んでいる人も多いように思います。それゆえ、多くの労働者にとって仕事への意欲は、意識上は他律的ではないことが多いと考えられます。

それでも報酬は必要であり、報酬の高さが仕事を選ぶ重要な条件にもなりえます。自分にとって興味・関心はないけれど、報酬が良く、しかも安定しているのでこの仕事に就いた、という人も多いと思います。こうした場合には、仕事への内発的な意欲は低く、楽しく仕事をすることをあきらめているかもしれません。

しかしそうした場合でも、実際の職場で仕事を続けているうちに仕事に対する受け止め方が変わり、内発的な仕事意欲が喚起されることもあります。じつは仕事も学習も、それを続けているうちにその内容ややり方が理解でき、良い成果があげられ、そのうえその仕事で自分が会社や社会のために役立っていると思えるようになれば、興味や関心が湧いてきたり、仕事が楽しくおもしろくなったり、生きがいを感じたりもできます。これは「機能的自律」と呼ばれる現象です。この現象がある限り、最初はともかく仕事を続けているうちには、仕事への興味・関心や仕事のおもしろさや楽しさ、それに仕事に対するやりがいなどを感じられるようになると期待できます。真剣に仕事に従事していれば、内発的な仕事意欲や向社会的な仕事意欲、さらには自己実現への仕事意欲（後述）も喚起されることが予想されるのです。

ただしそれでも私は、内発的な動機づけ研究者のひとりとして、仕事に就くときには内発的な仕事意欲が湧くように、自分の個性や長所そして興味・関心ができるだけ活かせるような仕事を選んでほしいと思っています。アメリカでの研究[2][17]によると、報酬に心を奪われて仕事をすると、たとえ仕事で成功し裕福になったとしても、期待したほどの幸福感は得られないということです。

## 達成への仕事意欲

達成への学習意欲は、仕事場面では「達成への仕事意欲」になります。また、ワーク・エンゲージメントの観点からは「活力」（いきいきとした取り組み）と「没頭」が関係します。

仕事の場面でも、高い達成を求めることは大事です。ただし、仕事の多くは上司から与えられるので、自分の裁量権が行使できる仕事はそう多くはないかもしれません。そうした仕事を、自分のものとしていきいきと取り組むには、内発的な仕事意欲の項で紹介したように、ひとつには仕事に興味・関心やおもしろさ・楽しさを見出すことが大事です。そしてそれとともに、つぎに述べる「向社会的な仕事意欲」や「自己実現への仕事意欲」と関係しますが、その仕事が会社や世の中の役に立っていると感じることができれば、やりがいも湧いて仕事に没頭できるのではないでしょうか。興味・関心を見出すのか、それともやりがいを見出すのか、どちらの方法も有効と思われます。各自の好みに合わせて、どちらか、あるいは両方の意欲を一緒に喚起できるとよいでしょう。

自分に少しでも裁量権のある仕事では、仕事に魅力を見出し、高い達成を求めて従事することも可能となります。自分のアレンジで、上司の依頼よりも高いレベルの達成をめざして仕事に取り組むことができるでしょう。そして長期的には、仕事をうまく処理するために、効率の良い仕事のやり方（たとえば、どの部署と連携すればよいのか）や、よりよい処理に必要なスキル（たとえば、新たなパソコンソフトの使用方法）などを身につけると、質量ともに高い達成が可能になります。

また、つぎの向社会的な仕事意欲で説明しますが、仕事場面では学習場面以上に上司や先輩、同僚、後輩によるチームワークが大事になります。周囲の人との協力や助け合いによって、より高い達成も可能になりますし、自分の能力もそれによって磨かれるはずです。

## 向社会的な仕事意欲

向社会的な学習意欲は、仕事場面では「向社会的な仕事意欲」になります。また、ワーク・エンゲージメントの観点からは「活力」と「熱意」が関係するでしょう。

先にも説明した通り、仕事場面では上司や先輩、同僚、後輩との連携が重要であり、こうした職場仲間と助け合ったり協力したりしなければ、仕事はうまく達成できません。利己性が強い人の場合には、助け合いや協力が必要な場面であっても、それを断る事態が起こるかもしれません。そうした際には、相手のパーソナリティや行動傾向などに十分配慮して対応しましょう。利己的な人と一緒に仕事をしなければならないときは、その人にはできるだけ仲間と協力しなくても個人の力で達成できるような仕事を任せるとよいでしょう。

ほとんどの会社は、4月に新入社員が入ってきます。彼らを指導する立場にある人も多いと思います。私の経験では必ずやそうした役割は回ってきます。向社会的な仕事意欲で後輩をうまく指導し、自分が会社のために役立っていることを実感したり、自分の居場所が確認できたりすれば、向社会的な仕事意欲はさらに高まるでしょう。後輩から感謝されたり、上司から力量を認められたりすれば、後輩の指導も結構楽しいものになります。

## 自己実現への仕事意欲

自己実現への学習意欲は、仕事場面では「自己実現への仕事意欲」になります。また、ワーク・エンゲージメントの観点からは「活力」、「熱意」、「没頭」のすべてが関係します。

現在の仕事に夢があり、やりがいがある、といえる人はとても幸せな人だと思います。いまの仕事を楽しんで続けていくことができるでしょう。

ただ、高校や大学を卒業し会社に就職したけれども、いまの仕事にはどうしても興味・関心ややりがいがもてない、というような人の場合には、転職を考えたほうがよいかもしれません。仕事をしているうちに、そうした夢ややりがいがみつかることも多いのですが、そうならない場合もあります。転職の際には自分の適性、長所・短所そして興味・関心などを再度熟考して、新たな仕事を見つけるようにしましょう。報酬のことを意識しすぎないことも大事です。

人によっては転職を考えているがいまは時期尚早として、会社が終わったあと、新たな専門知識やスキルを習得するため専門学校に通ったり、転職したいと思う職種で副業をしたりする人もいます。おそらく慎重で努力家の方だと思いますが、将来の目標や夢の実現をめざして頑張ってほしいと思います。

なお、入社した会社が気に入った人も、その会社で将来どのような仕事をしたいのか、どのようなポストについて活躍したいのか、といった将来の目標や夢をもつようにすると、いまの仕事によりやりがいがもて、いきいきと取り組めるでしょう。

## ●まとめ

本章ではまず、思いやりとくに向社会性や向社会的欲求が、子どもたちの自ら学ぶ意欲と大いに関連することを説明しました。現在の自ら学ぶ意欲は、①内発的な学習意欲、②達成への学習意欲、③自己実現への学習意欲のほかに、思いやりとの関係が強い④向社会的な学習意欲で構成されています。

こうした自ら学ぶ意欲の新しい捉え方を紹介したのち、自ら学ぶ意欲のみなもとなる心理的欲求（知的好奇心、有能さへの欲求、向社会的な欲求そして自己実現の欲求）、そうした心理的欲求の充足によって自ら学ぶ意欲が喚起されやすくなるメカニズム、そして自ら学ぶ意欲によってもたらされる輝かしい成果、さらには大人の仕事場面で自ら学ぶ意欲に対応する「自ら仕事をしようとする意欲」とそうした意欲を引き出すヒントについて述べました。

とくに向社会的な仕事意欲は、協力や助け合いによって仕事でより高い成果があげられるとともに、会社での良好な人間関係の形成・維持にも重要な役割を果たします。

**【文献】**

[1] たとえば、デシ、E・L&フラスト、R／桜井茂男（監訳）（1999）『人を伸ばす力——内発と自律のすすめ』新曜社〔Deci, E. L., & Flaste, R. (1995) *Why we do what we do: The dynamics of personal autonomy.* New York: G. P. Putnam's Sons.〕および[2]。

[2] Kasser, T., & Ryan, R. M. (1993) A dark side of the American dream: Correlates of financial success as a central life

aspiration. *Journal of Personality and Social Psychology*, 65, 410–422.

[3] 桜井茂男（1990）『内発的動機づけのメカニズム――自己評価的動機づけモデルの実証的研究』風間書房

[4] 桜井茂男（1986）「児童における共感と向社会的行動の関係」『教育心理学研究』34, 342–346.

[5] 櫻井茂男（2017）『自律的な学習意欲の心理学――自ら学ぶことは、こんなに素晴らしい』誠信書房

[6] 櫻井茂男（2020）『学びの「エンゲージメント」――主体的に学習に取り組む態度の評価と育て方』図書文化社

[7] 桜井茂男（1997）『学習意欲の心理学――自ら学ぶ子どもを育てる』誠信書房

[8] ハッティ、J／山森光陽（監訳）（2018）『教育の効果――メタ分析による学力に影響を与える要因の効果の可視化』図書文化社〔Hattie, J. A. C.（2009）*Visible learning: A synthesis of over 800 meta-analyses relating to achievement*. New York: Routledge.〕

[9] 大谷和大・岡田　涼・中谷素之・伊藤崇達（2016）「学級における社会的目標構造と学習動機づけの関連――友人との相互学習を媒介したモデルの検討」『教育心理学研究』64, 477–491.

[10] マズロー、A・H／小口忠彦（監訳）（1971）『人間性の心理学――モチベーションとパーソナリティ』産業能率短期大学出版部〔Maslow, A. H.（1954）*Motivation and personality*, New York: Harper.〕

[11] Murray, H. A.（1938）*Explorations in personality*. New York: Oxford University Press.

[12] 櫻井茂男（2009）『自ら学ぶ意欲の心理学――キャリア発達の視点を加えて』有斐閣

[13] 櫻井茂男（2019）『自ら学ぶ意欲――四つの心理的欲求を生かして学習意欲をはぐくむ』図書文化社

[14] 及川千都子・西村多久磨・大内晶子・櫻井茂男（2009）「自ら学ぶ意欲と創造性の関係」『筑波大学心理学研究』38, 73–78.

[15] たとえば、西村多久磨・河村茂雄・櫻井茂男（2011）「自律的な学習動機づけとメタ認知的方略が学業成績を予測するプロセス――内発的な学習動機づけは学業成績を予測することができるのか？」『教育心理学研究』59, 77–87.

[16] たとえば、島津明人（2010）「職業性ストレスとワーク・エンゲイジメント」『ストレス科学研究』25, 1–6.

[17] Kasser, T., & Ryan, R. M.（1996）Further examining the American dream: Differential correlates of intrinsic and extrinsic goals. *Personality and Social Psychology Bulletin*, 22, 280–287.

# 第7章　思いやりのない自分や相手とうまくつきあう

## ●博愛主義を貫いた杉原千畝氏を偲ぶ

２０１９年９月、家族でバルト三国を旅行しました。目的のひとつはバルト三国の美しい風景と美味しい食べ物を堪能することでしたが、もうひとつ大切な目的がありました。それは、リトアニア共和国のカウナスで「杉原記念館（旧日本領事館）」を訪ね、故杉原千畝《ちうね》氏（親愛の情を込めて、以後は「杉原千畝」と呼ばせていただきます）を偲ぶことでした。

ご存知の読者も多いと思いますが、杉原千畝は第二次世界大戦序盤の１９４０年７月～８月にかけて、この領事館の領事代理としてナチスドイツの魔の手から多くのユダヤ人を救うため、本国日本の意向に背いてまで、彼らに通過ビザを発給し続けた外交官です。当時のリトアニアでは、このビザを取得し日本経由で第三国に逃れる以外にユダヤ人が生き延びる術はなかったようです。

杉原千畝は領事館が閉鎖されるまでの一か月間、そして領事館を閉鎖してベルリンへと向かう列

車のなかでも、この通過ビザを書き続けました。彼のビザによって救われたユダヤ人は６０００名以上といわれ、極限状況で博愛主義を貫いた彼の勇気に対して、いまでも多くの人たちから尊敬の念が示されています。彼はとても思いやりのある、愛他的な人物であったといえます。

ところでこの杉原記念館ですが、私たちは団体のツアーで行きました。それゆえ、難なく到着できましたが、ツアコンの話によりますと、個人で訪れようとすると見つけるのがむずかしいところのようです。確かに周辺を散策してみると、記念館はごくありふれた住宅街の一角にあり、それと意識しなければ知らぬうちに通り過ぎてしまうような建物でした。

そんな記念館ですが、杉原千畝が使ったとされる執務室に入り、デスクの背後にある椅子に座ると、何としてもユダヤ人を救いたい、という彼の強い意志が伝わってくるようでした。座ったところで写真を撮ってもらいました。いま改めてみるとかなり緊張していますね。杉原千畝と一緒に写っているこの写真は私の宝物です。

記念館を出ようとしたとき、出口のそばに売店がありました。入ってみると「千畝のチョコレート」なるものが売られていました。このチョコレートを購入すると、その代金の一部が記念館の修理や維持に充てられると聞きましたので、少しばかり購入しました。帰国して食べてみると、少々ビターなチョコレートで、ミルクティとよく合いました！

見学後は予定通り、ラトビアに向かい旅を続けました。記念館には二時間程度の滞在でしたが、私にとっては忘れられない思い出となりました。改めて思いやりの研究に尽力したいと思ったしだいです。

## ●思いやりの気持ちを測ってみよう

杉原千畝のように、きわめて愛他的な人間になることはむずかしいとしても、努力をすればより思いやりのある人間に成長できると思います。そのためには、まず自分の思いやりの程度を知ることが大事です。そしてその結果に基づいて、思いやりを高めたいと思うのであれば、強い意志をもって、のちに説明するような方法で自己変革を試みましょう。

ここでは思いやりの気持ちである共感性を測定する質問票を紹介します。各自で評定してみてください。また、この質問票は他者の共感性を測定する場合にも使えます。測定しようとする他者の表情や行いを思い出し、その人の気持ちを推し量って評定してください。

他者とうまくつきあうには、その人の思いやりの程度をしっかり理解してつきあう必要があります。私にはこんな苦い経験がありました。

大学時代、私は一緒に授業を受けていた友人――口が堅くて思いやりがあると評判だった友人――に、プライベートな話をしました。ところがその翌日、別の友人（親友）からその内容が広まっていると聞かされ、とても落胆しました。プライベートなことを多くの友人に知られてしまったショックと、情報を漏らした友人の心のうちが読み切れなかった不甲斐なさとで、しばらくは立ち直れませんでした。

このような経験から、他者の心のうちを適切に読み取る術を身につけることがとても重要であると感じました。ときには、人の評判もあてにはならないということで。

## 質問票の紹介

表7-1をご覧ください。これは、私の研究室で進めてきた共感性に関するプロジェクトの成果[1][2]をベースに作成した質問票です。著作権等の関係で、質問項目の表現は微調整しています。もとの質問票を入手したい方は当該論文に当たってください。ただ、この質問票で本来の意図を損なわずに共感性が測定できます。

質問票は、共感性を六つの観点で捉え、各3項目の合計18項目で構成されています。評定後は、観点ごとに合計点を求め、六つの観点で共感性のプロフィールを作成することができます。評定の仕方は簡単で、各項目について五つの選択肢がありますので、自分にもっともよく当てはまると思う選択肢を選び、その数字を項目の最後にある（　）のなかに記入すれば大丈夫です。各項目を読んで、考えすぎることなく思った通りに回答してください。それでは、回答してみてください。

表 7-1　成人の共感性を測る質問項目
（村上ほか , 2017[1] と村上ほか , 2014[2] を参考に作成）

★つぎの各問について、自分がもっともよくあてはまる、と思う選択肢の数字を（　）に記入してください。それが終わりましたら、得点欄［　］に３問の合計得点を記入してください。

選択肢：「とてもあてはまる（5 点）」「ややあてはまる（4 点）」「どちらともいえない（3 点）」「あまりあてはまらない（2 点）」「まったくあてはまらない（1 点）」

〈認知的共感性〉
●他者の感情への敏感性　得点［　　　点］
①人の心の動きに敏感である。（　　）
②人のちょっとした表情の変化に気がつくほうである。（　　）
③人のちょっとした気分の変化に気がつくことが多い。（　　）

●視点取得　得点［　　　点］
①相手の立場にたって、その人のつらい気持ちを理解するようにしている。（　　）
②相手の立場にたって、その人の幸せな気持ちを理解するようにしている。（　　）
③相手の立場にたって、その人の気持ちを考えるようにしている。（　　）

〈情動的共感性〉
●他者のネガティブな感情の共有　得点［　　　点］
①暗くなっている人と一緒にいると、自分も暗い気持ちになる。（　　）
②相手が何かに苦しんでいると、自分もその苦しみを感じるほうである。（　　）
③悲しんでいる人と一緒にいると、自分も同じように悲しくなる。（　　）

●他者への同情　得点［　　　点］
①困っている人をみると、かわいそうだと思う。（　　）
②無理をして頑張っている人をみると、心配な気持ちになる。（　　）
③そばにいる人が落ち込んでいると、気の毒だなあ、と思う。（　　）

●他者のポジティブな感情の共有　得点［　　　点］
①幸せそうな人がそばにいると、自分も幸せな気持ちになる。（　　）
②よいことがあって喜んでいる人をみると、自分も同じように喜びを感じる。（　　）
③そばにうれしそうにしている人がいると、自分もうれしくなる。（　　）

●他者への好感　得点［　　　点］
①努力が実って喜んでいる人をみると、よく頑張ったなあ、とさらに応援したい気持ちになる。（　　）
②苦手だったことができるようになって喜んでいる人をみると、やるなあ、と感心する。（　　）
③成功してうれしそうにしている人をみると、褒めてあげたい気持ちになる。（　　）

すべての項目への回答が終わりましたら、観点ごとに（　）内の数字を足し上げて、得点欄にその数値を記入してください。得点は3点〜15点の範囲に入ります。確認をしてください。それでは、回答結果はしばらくそのままにしておいて、つぎの説明をお読みください。

## 六つの観点の内容と特徴

六つの観点について説明します。これらは第5章で取り上げていますので、そちらも参照してください。六つの観点は、認知的共感性と情動的共感性に分けられます。認知的共感性には「他者の感情への敏感性」と「視点取得」が、そのほかの四つは情動的共感性に入ります。

他者の感情への敏感性とは、他者の感情に関心をもち敏感に察知する傾向です。具体的にいえば、日々の生活のなかで、他者が悲しんだり、喜んだりしていることに気づきやすい傾向です。人間の感情は表情や行動によって外部に表出されることが多いので、そうした表情や行動に敏感であるということにもなります。他者の感情あるいはその変化に気づくことができなければ、他者の心情を理解することにはつながりません。

視点取得とは、他者の立場に立って物事を考える傾向です。相手のつらい気持ちやうれしい気持ちをうまく推測できないと、情動的な共感につながりません。ただし、視点取得によって相手の気持ちがうまく読めたとしても、その結果に基づいて援助行動などの良い方向に向かうか、それともいじめなどの悪い方向に向かうかは、その人がもっている向社会性や利己性（反社会性）に影響されます（第2章参照）。

視点取得に続く四つの観点はすべて情動的共感性ですが、これらは二つの軸によって分類されます。ひとつの軸は、「相手の感情の種類」、すなわち相手がネガティブな感情（たとえば、悲しい）をもっているのか、それともポジティブな感情（たとえば、うれしい）をもっているのか、という軸です。もうひとつの軸は、「相手の感情を共有」するのか、それともそうした「相手の感情に対する他者志向的感情反応」であるのか、という軸です。以上の点については、図5-1でもご確認ください。

この二つの軸によって四つの象限ができます。そのひとつは他者のネガティブな感情と同じ感情をもつ傾向である「他者のネガティブな感情の共有」、二つめは他者のネガティブな感情に対する他者志向的感情反応である「他者への同情」、三つめは他者のポジティブな感情と同じ感情をもつ傾向である「他者のポジティブな感情の共有」、そして四つめは他者のポジティブな感情に対する他者志向的感情反応である「他者への好感」です。

最後にこの調査票の特徴ですが、それはこれまでの研究で取り上げられることが少なかった、相手と同じようにうれしいと思う、といったような他者のポジティブな感情の共有や、相手を褒めてあげたい気持ちになる、といったような他者への好感を新たに加え、共感性を本来の定義に基づいて包括的に測定できる点です。その意味で本調査票は画期的なものであるといえるでしょう。

## 結果の解釈

観点別の得点について解釈をしましょう。ここでの解釈は、元尺度を用いた研究結果[1]に基づいていますので、おおまかなものと考えてください。

いずれの観点における得点も、項目ごとに1点〜5点を与え都合3問ありますので、3点〜15点の範囲で分布します。3項目による観点ごとの平均は11点程度、標準偏差（点数の散らばり）は2点程度なので、13点以上であれば上位15％程度に入ります。また、9点以下であれば下位15％程度に入ります。得点が平均点付近にあれば、まさに平均的な結果といえるでしょう。あなたの得点はいかがでしたでしょうか。

いずれの得点も9点以下の場合は、共感性はかなり低いといえるでしょう。反対にいずれの得点も13点以上であれば、共感性はかなり高いといえます。また、得点間のバラつきが大きければ、何らかの理由で、共感性が全体としてスムーズに働いていない可能性が考えられます。

たとえば、認知的共感性の二つの得点が高く、反対に情動的共感性の四つの得点が低い場合には、他者の感情の変化に気づき他者の感情や考えがうまく読めても、それが向社会的行動へと向かうために必要な情動的共感性につながっていないことが考えられます。利己性や反社会性が強い可能性が指摘できるでしょう。さらに「視点取得」の得点は高いが「他者のネガティブな感情の共有」の得点が低い場合には、他者の気持ちは理解できるが、それによって喚起されるはずの悲しいというようなネガティブな感情が、利己性や反社会性のほかストレスや心の疲労などによって喚起されにくい状態になっている可能性が考えられます。

また「他者への同情」の得点は高いが、「他者への好感」の得点が低い場合には、他者の成功場面に対して妬みが生じ、賞賛したい、応援したいというようなポジティブな感情反応が喚起されにくい状態になっている可能性が考えられるでしょう。

観点が六つありますので、その組み合わせで考えると、さらに多様なプロフィールが想定されます。そのような場合にはご自身で考察してみてください。そうした考察によって、ご自身の共感性もより深く理解できるようになるでしょう。

## ●思いやりがない自分とうまくつきあう

共感性の測定によって自分は共感性が低いという場合には、それでもうまくやっていく方法はないか、と考える人がいる一方で、いや自分の思いやりを高めたい、と考える人もいると思います。ここでは、思いやりの気持ちが低くても社会のなかで人とうまくつきあっていく方法について紹介します。

多くの向社会的行動は、行わなくても罰せられることはないでしょう。他者のためになることをしなくても、他者を害しない限りは罰せられません。共感性が低く利己的な人でも、社会的に罰せられることをしない限りは、大きな問題を起こすことはないと考えられます。その意味では共感性を高めたり、向社会的行動を増やしたりする努力は必要ありません。

ただ、社会集団のなかで気持ちよく生活するためには、自分の利益になることだけでなく、多少なりとも他者の利益になることを考えて行動するほうがよいでしょう。そうするには、相手の気持ちを多少なりとも察する必要があります。

たとえば、職場で上司から仕事を割り振られるようなとき、自分が得意な仕事を奪うように得ることもあるでしょうが、そのときは、周囲の人の気持ちに多少とも配慮して、その人たちの仕事も遅れ

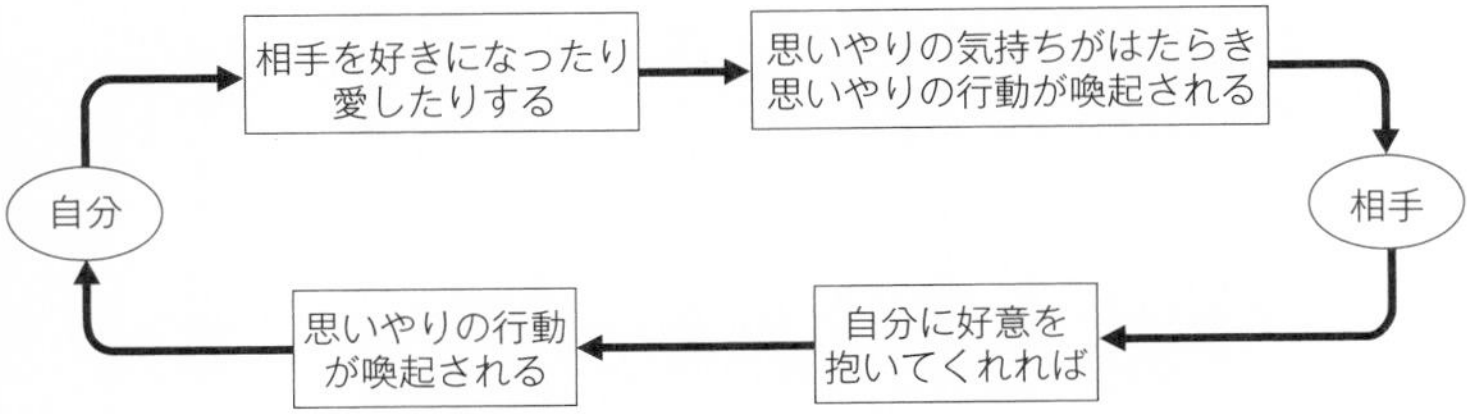


図 7-1　恋愛関係が形成される際の思いやりの役割（予想図）

た場合には少し手伝うとよいでしょう。こうしたちょっとした配慮で、職場の人間関係は良くなると思います。周囲の人たちはあなたを利己的な人間だと思ってはいても、このような援助もしてくれるなら、まあいいよ、という気持ちになり、あなたを疎外するようなことは控えてくれるでしょう。

仕事における人間関係ではこうしたドライなつきあい方でもうまくいくと思いますが、パートナーや親友を作りその関係を維持する際には、思いやりの気持ちや行動が重要な役割を果たします。なぜならば、恋愛関係や深い人間関係には、他者を思いやる気持ちや行動がとても大事だからです。

ただし私は、人間はほぼ直感的に人を愛したり好きになったり、あるいは信頼したりするものだと考えています。そうなったときには、たとえ思いやりのない人間でも、自然にその人を思いやる気持ちや行動が喚起されます。図7-1に示されているように、人を愛したり好きになったり信頼したりすることが、その人の思いやりのみなもとになるのではないでしょうか。そして相手への思いやり行動が相手に受け入れられれば、相手からも思いやり行動が返され、恋愛関係や信頼関係が生じ、深まり、維持されるでしょう。

## ●自分の思いやりを育ててうまくつきあう

思いやりの低い人のなかには、自分の思いやりを育てて他者とうまくつきあいたい、という人も大勢いると思います。自分の思いやりを育てるには、どうしたらよいのでしょうか。

思いやりには、共感性のほかに、向社会的行動や向社会性といった要素が含まれます。ここでは、自分を対象に、共感性と向社会的行動を育てる方法について提案します。向社会性は思いやりの志向性であり、基本的には向社会的行動の多いことがその証左とされています[3]。向社会的行動を育てることで、向社会性も高まることが予想されます。

なお、ここでの提案は、他者の思いやりを育てる方法にも通じます。そのつもりでお読みください。

## ●自分の共感性を育てる

はじめに共感性を取り上げます。「総論」として、これまでの研究や経験から、共感性を育てるポイントについて説明します。つぎに「各論」として、共感性を認知的共感性と情動的共感性に分け、おもに私の研究室で行ったプロジェクト研究の成果から[4][5]、どのようなトレーニングをすればそれらの側面を育てることができるのか、をまとめます。自分ひとりでできる方法だけでなく、グループでできる方法も紹介します。

なお総論では、思いやりのなかの共感性の育成にのみ焦点化して説明することがむずかしいため、ときには向社会的行動の育成にも言及することになります。

## 総論としての自分の共感性を育てるポイントとは

### ①愛する人を作ること、または信頼できる人を作ること

第3章の思いやりの発達のところで述べましたが、幼少期に主たる養育者との間に安定したアタッチメントが形成できれば、やがてその養育者と親しくしている周囲の人たちも自分を愛してくれる人たちであり、自分もそうした人たちを愛することができる、と思うようになります。愛するという表現が少々オーバーであれば、周囲の人たちに対しては信頼ができるようになるといえばよいでしょう。

愛し合える、または信頼し合える人たちに対しては、愛（信頼）されているがゆえに、そして愛（信頼）されているがゆえに、思いやりの気持ちをもってやさしく接することができます。共感性が低いと思う方は、こうした人たちが周囲に少ないのではないでしょうか。また、信頼し合える人たちが多くなれば、他者一般も信頼し合える人と認知されやすくなります。そして見ず知らずの他人であっても、困っているときには共感が働き、援助行動ができるようになると考えます。

したがって、共感性や向社会的行動を育てる第一歩としては、愛する人や信頼する人を作ることです。愛する人ができれば、その人に対して共感性が働き、思いやりのある行動がとれるでしょう（図7-1参照）、信頼する人ができれば、その人に対しても共感性が働き、思いやりのある行動がとれるでしょう。さらに、愛することや信頼することが相手に受け入れられ、愛し合える関係や信頼し合

える関係に発展すれば、共感性や向社会的行動は一層促進されます。ここまで到達できれば大成功です。

ここで少し横道にそれ、信頼関係を築くという観点から「構成的グループエンカウンター」について説明します。

じつは、他者との信頼関係を築くには、自分が相手と本音でかかわることが大事だとされます[6]。自分が相手と本音でかかわれば、相手も自分と本音でかかわるようになり、自然と信頼関係が生まれ深まります。この原理を用いたトレーニング法が構成的グループエンカウンター[7]です。かつてこのトレーニング法は学校でよく用いられましたが、最近では会社や家庭でも盛んに用いられています。

構成的グループエンカウンターのエンカウンター（encounter）とは、相手と本音で話し合い、お互いがそうした本音を認め合う体験のことです。こうした体験を通して、相手との信頼関係が生まれ深まれば、相手への思いやりの気持ちや行動が促進されます。構成的グループエンカウンターでは、参加者はグループの一員となり、リーダーの指示にしたがって課題を行い、そして課題遂行時の気持ちを率直に語り合うことによってエンカウンター体験を深めます。

課題の例としては、ブラインド・ウォーク（blind walk）があります。グループのなかでペアを作り、ひとりはアイマスクをつけて目が見えない状態となり、ペアのもうひとりが、その人を連れて決められた場所を回って帰ってくるというものです。通常私たちは、アイマスクをつけて目が見えない状態になると怖くてひとりでは歩けませんが、もう一方の人に手をとって先導してもらえば何とか歩くことができ、課題を達成することもできます。役割を変えて同じ課題を繰り返し、その体験について話し合うことによって信頼関係が形成されます。こうしたトレーニングによって、自己理解、他者理解、自己受容、感受性の促進、自己主張、信頼体験が実現されると考えられています。

構成的グループエンカウンターを利用された教師の方からは、初任者のときでも失敗することなくうまく使え、新しいクラスで子どもたちが新たな信頼関係を築く際にはとても効果的であると聞きました。それゆえに産業界でも普及したものと思われます。

ここで本題に戻ります。

**②幸福感、自己肯定感、有能感をもつこと**

幸福感（ウェルビーイング）、自己肯定感、有能感といった認知や感情は、一朝一夕に高められるものではありません。しかし日々の生活のなかで徐々に培うことができれば、思いやりの気持ちを高める重要なベースとなります。第5章で紹介したシュタウブ[8]も、同様の指摘をしています。わかりやすくいえば、「幸福を感じている、自分はこのままでよいと思っている、そして自分に自信があると思っている人は、他者に思いやりをもってやさしく接することができる」ということです。ただし有能感が高い人のなかには、周囲の無能な人はどうでもいい、と高をくくって他者を邪険に扱う人もいます。でもそれは少数派です。

ウェルビーイングは、well-being のカタカナ書きで、その意味は文字通り「よく生きている」状態です。心理学では「幸福感」と訳すことが多いです。そしてこの幸福感は、快 - 不快の感情を重視する快楽主義（hedonism）と、アリストテレスの哲学に由来して、心が完全に機能している状態を重視する幸福主義（eudaimonism）の二つの立場から捉えられています。

快楽主義における幸福感は、私の人生はとても素晴らしい状態だ、私は自分の人生に満足している、というような人生満足度でおもに測定しますが、幸福主義における幸福感は、いきいきとして活力に満ちあふれている、やる気が満ちあふれている、というような活力（vitality）で測定することが多いようです。

動機づけに関する最新の理論である自己決定理論は、後者の立場に立っています。私は自己決定理論の主導者であるデシ教授のもとで研究をしましたので、後者の立場に馴染んでいます。自己決定理論では、こうした幸福感を高めるために、三つの基本的心理欲求を充足することが必要であると仮定します。

三つの基本的心理欲求とは、自律性の欲求、有能さへの欲求、そして関係性の欲求です。そしてこれらの欲求が充足されるとは、仕事を例にとれば、どのような仕事でも自分に裁量権がある部分は好んで自分で決めて行っている（自律性の欲求の充足）、高い目標を設定してそれが達成できるようにしている（有能さへの欲求の充足）、上司・同僚・後輩とうまく連携しながら仕事をしている（関係性の欲求の充足）というようなことです。こうして心理的欲求が充足されると、仕事面で幸福感を感じることができます。もちろん、対人関係面でも同様のことがいえます。仕事面や対人関係面で幸福感が感じられれば、自分は幸せだ、と思えるのではないでしょうか。

つぎに自己肯定感ですが、これには「自分はこれでいい」とありのままの自分を認め受け入れる感覚と、その少し前の段階で感じる「少なくとも自分は自分を嫌いではない」という感覚も含まれます。

自己受容を中核としたありのままの自分を認め受け入れるという感覚は、そう簡単に形成できるものではありません。後者の、少なくとも自分は自分をそう嫌いではない、という感覚は形成されやすいと思います。「人間であれば、誰でも自分のなかに嫌いなところがある。自分もそうした人間のひとりなのだから、当然嫌いなところはあっても仕方がない」と、自分をやさしく受け止めることができれば形成できると考えます。そうした感覚が安定して、自分の好きなところも含めて自分を捉えることができるようになれば、やがてありのままの自分を、これでいい、と受容できるようになると予想されます。

幼少期に養育者からしっかり愛され安定したアタッチメントが形成された人は、基本的に自己肯定感をもっています。もし幼少期に基本的な自己肯定感がもてなかったとしても、成長の過程で自分を無条件に愛してくれる人ができれば、自己肯定感は培われます。自己肯定感が培われれば、自分にとらわれる利己性が低減し、他者のことを思う向社会性や共感性が促進され、向社会的行動も増えることが期待できます。

ところで、自分にやさしくすることはのちに説明する「セルフ・コンパッション」そのものであり、これが達成できれば、その効果として共感性をはじめ、先にあげた幸福感や、つぎに説明する有能感、自尊感情も高められることが報告されています[9]。

最後に有能感ですが、これには仕事や学習、さらには対人関係など何らかの分野で有能であるという感覚と、自分はトータルにみて有能であるという感覚があります。もちろん、前者の領域別の有能感は後者の自尊感情を促進する要因となります。最終的には、安定した自尊感情を育てることが大事です。こうした有能感や自尊感情は、先の幸福感のところで説明したように、有能さへの欲求を充足すること、すなわち多様な分野で成功経験を重ね、その成功の原因を自分の能力や自分の努力の結果として認知することで育てられます。日々の仕事や学びにおいて、適切な目標を設定し、それが達成できるように努力することがまず大事です。そして自分で自分を褒めることも、有能感を高めるには効果があります。

### ③自分にやさしくすること——セルフ・コンパッションの実現

先にも触れた「セルフ・コンパッション」について説明します。これには直接共感性を育む効果もありますが、幸福感、自己肯定感、有能感の形成を通して間接的に共感性を育む効果もあります。基本的な考え方は、「自分にやさしくなれれば、他者にもやさしくなれる」ということです。以下では櫻井[10]に沿って説明します。

セルフ・コンパッション（self-compassion）は、単語の成り立ちからするとセルフ（自己に対する）とコンパッション（思いやり、同情）の合成語で、日本語では自己への慈しみや自分へのやさしさと訳されます。わが国の心理学では、カタカナ書きのままで使われることが多いようです。

ネフ[9]や有光[11]によると、セルフ・コンパッションとは「苦痛や心配を経験したときに、自分に対する思いやりの気持ちをもち、そうした否定的な経験を人間に共通のものと認識し、苦痛に満ちた考えや感情をバランスがとれた状態にすること」と定義されます。簡単にいえば、自分にやさしく接して本来の自分を保つこと、になるかと思います。

右記の定義にも含まれますが、セルフ・コンパッションには三つの要素があります。それらは、①自分へのやさしさ、②共通の人間性、③マインドフルネスの三つです。

中心的な要素である自分へのやさしさは、他人にやさしくするのと同じように自分にもやさしくすることで、より具体的にいえば、友人や家族に好きでない面があったとしても私たちはその友人や家族を嫌いにならないように、自分の好きでない面も受け入れて自分にやさしくなることをいいます。自己肯定感のところで説明した通りです。

つぎの共通の人間性は、たとえば、人間は誰でも自分のことを中心に考え他者のことに思いが及ばないときがある、人間は誰でも完璧ではなくときに失敗することもある、といったような信念を、人間の共通性として認識することをいいます。人間はある意味弱い存在ですので、こうしたことを認めることで、自分にやさしくなれるのです。

そしてマインドフルネスとは、感情や思考にとらわれず目の前のことに集中すること、より具体的にいえば、いま経験していることに対して、イライラしたり不安な気持ちにとらわれたりしたまま判断せず、まずはいまの自分の感情や考えを受け入れ、目の前の大事なことに集中することです。思いやりのことを例にすれば、「いま自分は目の前で展開されている惨事に驚き自分を見失いかけているけれど、そうした気持ちはいったんそのまま受け入れ、いまは早急に援助を必要とする人に寄り添い、確実に援助すること」というような心のあり方ではないでしょうか。マインドフルネスについては、最近マスコミでもよく取り上げられますので、私より詳しい方もおられるかと思います。

さてセルフ・コンパッションがもたらす効果についてですが、よく指摘されるのは、①共感性が高まる、②幸福感、自尊感情、人生満足度が高まる、③先延ばしをしなくなる、④完璧主義でなくな[10]る、などがあげられます。

最後に、セルフ・コンパッションを高める方法について紹介しましょう。要点のみ三点取り上げます。詳しいことはネフや、その他の著書をご参照ください。[9]

基本的には、不快な感情が生じたとき、①セルフ・コンパッション・フレーズを唱える、②セルフ・ハギングをする、③コンフォートカードに記入する、などの方法があります。

たとえば、援助行動がうまくできなくて強い後悔の念が生じたときには、①「いまの私は心に苦しみを感じている」「自分の苦しみは特別なものではない（人間に共通だ）」「私は自分にやさしくできる」といったようなセルフ・コンパッション・フレーズを唱える、②自分を温かい気持ちで抱きしめるセルフ・ハギングをする、③うまくできなくて自分に批判的になったことを茶色のカードに記入し、それに対するやさしい言葉や励ましの言葉をカラフルなカードに記入するといった、コンフォートカードを利用する、ことです。

なお、セルフ・ハギングをすると、愛情を深めたり心の癒しをもたらしたりするオキシトシンというホルモンが分泌され、安全安心の感覚が増して苦しみが和らげられたり、ストレスが低減されたりすることが知られています。

かつて私は、電車のなかで妊婦さんに席を譲れなかったとき、右記のセルフ・コンパッション・フレーズを心のなかで唱え、次回は大丈夫と言い聞かせて自分を安心させました。その結果、同じ電車のなかでつぎに私の目の前に立たれた高齢の人には席を譲ることができました。セルフ・ハギングは電車のなかでするには抵抗がありますので帰宅してから「大丈夫、これからは躊躇せず援助ができる」と言い聞かせながらハグしました。それでも効果はあったように思います。

## 各論として自分の共感性を育てるには

### ①自分の認知的共感性を育てる

認知的共感性、すなわち「他者の感情への敏感性」と「視点取得」を育てるには、どのようなトレーニングをすればよいのでしょうか。一連のプロジェクト研究の成果[4][5]を参考に提案します。なお、認知的共感性が育めれば、それに続くように情動的共感性も育まれるという報告[12]があります。さらに本書の第2章や第4章では、これまでの筆者らの研究から「認知的共感（性）→情動的共感（性）」という流れを想定しています。このような点から、共感性全体の育成に認知的共感性の育成が果たす役割は大きいと考えられます。

他者の感情への敏感性や視点取得を育てるには、周囲の人（たとえば、上司）の人間観察を通して、その人の感情やその変化を、おもにその人の外部に現れる表情や行動から解釈すること、そして自身の解釈の妥当性を高めるために、できれば他者の気持ちをうまく解釈できる友人や同僚に自身の解釈が適切であったかどうかを確認してもらい、アドバイスをもらうことがよいでしょう。他者の感情の変化に気づくには、他者の表情や行動の微妙な変化に留意する必要がありますが、そうかといって過敏になると疲れてしまいますので、ご注意ください。

じつは、認知的共感性の高い人も自身の他者理解が適切かどうかを検証しながら生活や仕事をしています。意識的に行うと結構骨の折れる作業なので、認知的共感性の低い人は、日々の生活や仕事のなかで、おもに同僚や友人、家族の援助を得て自分の他者理解が適切かどうかをときどき検証することが、認知的共感性を育む身近で効果的な方法であると思われます。

集団でのトレーニング場面では、顔写真を使ってその人物の感情を推測しお互いに検討すること、短編映画の鑑賞を行い、登場人物のひとりになって、その人の気持ちを推測しお互いに話し合うこと、などが有効とされます。

**②自分の情動的共感性を育てる**

「他者のネガティブな感情の共有」や「他者への同情」を育てるには、①自分自身が経験した他者への援助行動を想起し、そのときの自分の感情や行動を確認すること、反対に②他者への利己的な行動を想起し、そのときの自分の感情や行動を確認すること、さらには③周囲の人のそうした行動を思い出してそのときの気持ちや行動を確認すること、などによって培われます。
①の例としては、いじめられていた友人を助けたことを想起し、そのときはその子の悲しい気持ちを共有し、続いてその子に対してかわいそうという気持ちが起こり、そしてその子を助け安堵したこと、を確認することがあげられます。②の例としては、友人がいじめられていたにもかかわらず助けられなかったことを想起し、自分は怖くなり目をつぶってしまい、かわいそうだと一瞬思ったけれどもやはり怖くて助けられず後悔したこと、を確認することがあげられます。なお、惨事場面を想起すると心身ともにとても苦しい状態になることがありますので、ご注意ください。
また、他者からの援助が必要とされる事態であったにもかかわらず、援助が得られなかった場面を想起し、そのときの自分の感情を確認することも有効でしょう。たとえば、大きなけがをしたにもかかわらず周囲の人は誰も助けてくれなかった場面を想起し、情けなかった、もし誰かがこうした事態

に陥った場合には、こんな思いはさせないように助けようと思ったこと、を確認してはどうでしょうか。この場合にも、あまりにも大きな恐怖や不安を喚起するような場面の想起は避けたほうがよいでしょう。

集団でのトレーニング場面では、メンバーにネガティブな感情が生じた経験（たとえば、いじめられて辛かったこと）を話してもらい、そのときの気持ちを想像して話し合うこと、さらにはそうしたネガティブな感情が生じる話を漫画にしたものを用意して、吹き出しに適当な感情語を入れてグループの人と話し合うこと、などのトレーニングが有効です。

つぎに、「他者のポジティブな感情の共有」と「他者への好感」を育てるには、①自分自身が経験した他者への賞賛行動を想起し、そのときの自分の感情や行動を確認すること、反対に②他者から自分への賞賛行動を想起し、そのときの自分の感情や行動を確認すること、さらには③周囲の人のそうした行動を思い出して、そのときの気持ちや行動を確認すること、などによって培われます。

①の例としては、同僚が社内の弁論大会で優勝し一緒に喜び賞賛したことを想起し、喜びを共有し、それが賞賛したいという気持ちになり、そして大いに褒め、自分も満足したこと、を確認するとよいでしょう。②の例としては、仕事ぶりを同僚に褒められたことを想起し、その同僚はあまり好きではなかったが、仕事ぶりを褒められたのでうれしくなり、その後は仲良くなったこと、を確認してはどうでしょうか。

集団でのトレーニングの場面では、メンバーにポジティブな感情が生じた経験、たとえば、プロジェクトのリーダーとして大変な努力をしたが、何とかそのプロジェクトが成功し、上司に賞賛されただけでなく多くの同僚・後輩からの信頼も勝ち取った、というような話をしてもらい、そのときのそのメンバーの気持ちを想像して話し合うこと、さらにはそうしたポジティブな感情が生じた物語を漫画にしたものを用意して、吹き出しに適当な感情語を入れてグループの人と話し合うこと、などが有効でしょう。

繰り返しになりますが、櫻井ら[13]や村上ら[2]によると、右記のようなポジティブな場面での情動的共感性には、いじめや暴力などの攻撃行動を抑制する効果があります。それゆえ、こうした情動的共感性は向社会的な行動を促進するだけでなく、攻撃行動を抑制することで、ネガティブな場面での情動的共感性よりも社会的な影響力が大きいと考えられます。ポジティブな場面における情動的共感性の育成も大事にしてほしいと考えます。

## ●自分の向社会的行動を育てる

共感性が育てば、その結果として向社会的行動が育つことも期待されますが、ここでは向社会的行動に焦点化してその育て方について提案します。

### 感謝すること

自分を援助してくれた人や応援してくれた人に感謝することが、受益者である自分および利益供与者である他者の向社会的行動を促進します。

感謝（gratitude）とは、自分に利益をもたらした他者の行動に対する肯定的感情反応です。[14] こうした感謝の気持ちを感じることで、感謝をした人が向社会的行動をしてくれた他者や見ず知らずの他者にも、向社会的行動を行いやすくなります。[15][16] もちろん、感謝をされた人の向社会的行動も促進されます。[16][17] 感謝は、感謝されていることが認識される必要はありますが、する側もされる側も向社会的行動が促されるという素晴らしい感情反応なのです。

それゆえ、感謝の気持ちを大事にすること、感謝の気持ちを相手に積極的に伝えることを心がけましょう。そうすれば、お互いに向社会的行動が増えます。

なお、感謝をした人は、感謝の気持ちをその場で相手に伝えるほかに、日記に書いたり、周囲の人に話したりすれば、自分をはじめ相手や周囲の人の向社会的行動を促進することになります。

ただし、感謝をするということは、自分が援助される存在、すなわち弱者や未熟な者であることを意識させられることにもなりかねません。そのような思いを強く感じる人には、このような方法は適さないでしょう。

日本人はとくに、援助されると援助してくれた相手に対して「申しわけない」「すまない」といった負債感情が生じることが多いといわれます。このような負債感情が強く発生する人は、先の説明と同様、自分が未熟で弱い存在であると感じて有能感や自尊感情の低下をもたらしたり、その結果として向社会的行動が抑制されたりすることがあります。こうした場合には、有能感や自尊感情を育てることが優先されるでしょう。

## 社会的スキルを習得する

援助行動や応援行動などの向社会的行動をする際には、その場の状況や相手の状態に留意して適切な向社会的行動を選び、行う必要があります。そのためには、その場の状況や相手の状態を理解したうえで、自分が実行できる範囲の社会的スキル、たとえば援助が必要な場面での援助スキルや他者が成功した場面での賞賛・応援スキルのなかから、適切なものを選んで使用することが重要になります。社会的スキルが十分に習得されていれば、実際の援助や賞賛・応援の場面でより適切な向社会的行動を行うことができます。

どんなに共感性が高くても、適切な向社会的行動ができなければ、相手を助けたり応援したりしたことにはならないこともあります。また自分のスキルでは不可能な援助行動をしようとすれば（たとえば、泳げないのに、海に飛び込んでおぼれている人を助けようとする）、自分も援助される立場になってしまう可能性も高く、そうした場合には自分の行動は援助行動にはなりません。

表７-２[18]をご覧ください。この表に示されているのは「若者のための社会的スキル」の一覧です。概括的で抽象的な表現のためわかりにくいスキルもあり、さらに社会的スキルを網羅しているわけでもありません。それでも、人や仕事・学習とかかわる際に必要なスキルはたくさんあることを理解していただけるのではないでしょうか。この表によって、自分はどのようなスキルを習得していて、どのようなスキルが習得できていないのかを、おおまかに確認してみるとよいでしょう。

なお、こうしたスキルは成長とともに自然に習得されることが多いのですが、うまく習得されていない場合は「社会的スキル・トレーニング」[19][20]を行えば大丈夫です。ただし、注意していただきたいこ

表 7-2　若者のための社会的スキル（菊池, 2014[18] を一部修正）

| I　初歩的なスキル | IV　攻撃に代るスキル |
|---|---|
| 1. 聞く | 22. 許可を求める |
| 2. 会話を始める | 23. 分け合う |
| 3. 会話を続ける | 24. 他人を助ける |
| 4. 質問する | 25. 和解する |
| 5. お礼をいう | 26. 自己統制をする |
| 6. 自己紹介する | 27. 権利を主張する |
| 7. 他人を紹介する | 28. いじめを処理する |
| 8. 敬意を表す | 29. 他人とのトラブルを処理する |
| II　高度のスキル | 30. ファイトを保つ |
| 9. 助けを求める | V　ストレスを処理するスキル |
| 10. 参加する | 31. 不平をいう |
| 11. 指示を与える | 32. 苦情に応える |
| 12. 指示に従う | 33. ゲームの後にスポーツマンシップを示す |
| 13. 謝る | 34. 当惑を処理する |
| 14. 納得させる | 35. 無視されたことを処理する |
| III　感情処理のスキル | 36. 友人のために主張する |
| 15. 自分の感情を知る | 37. 説得に対応する |
| 16. 感情を表現する | 38. 失敗を処理する |
| 17. 他人の感情を理解する | 39. 矛盾したメッセージを処理する |
| 18. 他人の怒りを処理する | 40. 非難を処理する |
| 19. 愛情を表現する | 41. むずかしい会話に応じる |
| 20. 恐れを処理する | 42. 集団圧力に対応する |
| 21. 自分を責める | VI　計画のスキル |
| | 43. 何をするか決める |
| | 44. 問題がどこにあるか検討する |
| | 45. 目標を設定する |
| | 46. 自分の能力を知る |
| | 47. 情報を集める |
| | 48. 問題を重要な順に並べる |
| | 49. 決定を下す |
| | 50. 仕事に集中する |

とは、こうしたスキルを習得していても、すなわちスキルが使用できる状態になっていても、それを実際場面で有効に使えるかどうかは、その人の向社会的判断によるということです。たとえば援助場面では、援助すると決め、そのうえでどのようなスキルで援助するかを決め、実際の援助行動に移ります。したがって社会的スキルを習得しておくことは重要ですが、それを実際の場面で使うには、援助をどのようなスキルを用いてするのかという向社会的判断がさらに重要になります。向社会的判断能力の育成も大事です。

ところで、第1章の冒頭で、電車のなかで高齢の方に席を譲る話をしましたが、おそらく思いやりの気持ちが強い人でも、こうした状況では周囲の人の目を気にして、簡単には自分の席を譲れないと思われます。なかにはすでに紹介した弁護士のように、正義感が強く、思いやりの気持ちに溢れた方もおられますが、少数派のように感じます。それではどうしたら、周囲の人の目を気にせず席を譲れるのでしょうか。

このようなことを考えていたとき、妻から興味深い話を聞きました。

妊産婦さんのなかには、鞄やリュックなどの持ち物に、自分が妊産婦であることを示す「マタニティマーク」を付けている方がおられることをご存知でしょうか。私もたまに見かけますが、このマークは妊産婦さんに思いやりのある行動をしてほしい、という願いから生まれたマークのようです。具体的には、体調の悪そうな妊産婦さんを見かけたら声をかける、電車やバスのなかでは席を譲る、妊産婦さんの近くでは喫煙をしない、というような思いやりのある行動を推進するためのマークなのだそうです。

妻の話によると、思いやりはあるものの周囲の人の目を気にするあまり、思いやりの気持ちがうまく表せない、という方が、このマークにヒントを得て「援助を必要とする人は私に声をかけてください」というような文面が書かれたマークを考案し、それをネット上で販売したのだそうです。先の例のように自分から席を譲ることができない内気な人にとっては、このようなマークを付ければ、席を譲りたいという思いがうまく実現されるように思いますが、いかがでしょうか。このマーク、よく売れていると聞きます。向社会的行動をするにも創意工夫が必要なようです。ただ、ひとつ気になるのは、今度は反対に、妊産婦さんや高齢の方が遠慮して、そう簡単には声をかけられないかもしれない、ということです。

これも妻から聞いた話です。妻がフランスに留学した際、友人とバスに乗車し座席に座っていると、高齢の女性から突然声をかけられたそうです。留学して間もないころで妻はフランス語がよく理解できなかったため、先輩の友人にならって席を譲ったそうです。あとになってその友人に何と言われたのか聞いたところ、「席を譲ってほしい」というか、その語調から判断すると「席を譲れ！」と言われたとのです。ちょっとビックリしたそうです。日本の高齢の方はなかなかこうは言えませんが、フランスの高齢の方ははっきりと主張できるのでしょうか。文化の違いもあるかもしれません。

## 思いやりのある人をモデリングすること

向社会的行動をする人は、周りから見ていてとても素敵に見えます。高齢の方に何気なく席を譲る高校生、泣いている赤ちゃんに微笑みかけて困っているお母さんをなごませる中年の女性、子どもの近くでサッと喫煙を控えるサラリーマンなど、自分が素敵だなと思えれば、それをまねすればよいのです。

心理学ではこうしたことを模倣あるいは洒落た言葉で「モデリング」といいます。モデリングが起こりやすいのは、その人を素敵だなと思えることのほかに、自分と似ていること（年齢が同じくらいであるとか、仕事が同じであるなど）もあげられます。さらにその人が向社会的行動を行い感謝されたり、褒められたりすると、その向社会的行動はさらにモデリングされやすくなります。

また、子どもの場合には、親や教師もモデリングの対象となりやすいので、彼らが率先して思いやりのある行動をすれば、それがモデリングされます。一方で、親や教師が利己的な行動や反社会的な行動を多発すると、そうした行動もモデリングされやすくなります。親や教師は、自分が子どもの良きモデルになるように行動することが肝要です。

少々脱線しますが、私は横断歩道で周囲にいる歩行者の行動を観察することが好きです。どんな人がどういった行動をするのか、じつに興味深く思ってみています。いままでの観察結果から、赤信号を無視して横断歩道を渡るのは若い人、といっても20歳くらいではなく、30歳くらいの人が多いように思います。都会ではこのくらいの年齢の人が一番忙しいのか、それともイライラする頻度が高いのでしょうか、周囲に自分を見ている子どもがいても無視して赤信号を渡ります。自分が親になれば変わるのでしょうか。さらに、30~40歳くらいの母親も多いように思います。忙しいのでしょうか、イライラしているのでしょうか、幼い子どもの手を引いて赤信号を渡ってしまいます。

そして見ていてもっとも怖いと思うのは、信号無視をした若い人につられて、高齢の方が信号無視をすることです。これはとても危険です。若い人は周囲の状況をみて信号無視をするのですが、高齢の方はそうしたことには無頓着に（周囲の人が配慮してくれると思っているのか、若いころのような判断力がなくなったのか）、若い人に続いて渡ってしまいます。それゆえ、状況が急変し車がそこまで近づいているにもかかわらず、渡ってしまうことがあるのです。遠くから見ていてひやひやします。

若い人たちには自分たちの信号無視が、高齢の方にそのままモデリングされてしまう可能性もあることを知っていてほしいと思います。もちろん、子どもも若い人の信号無視を見ていますが、小学校中学年以上の子どもになると、冷ややかに〝アホな奴！〟くらいに思っているようで、モデリングはしないように感じます。

## 向社会的行動が自分のためにもなると思うこと

思いやり行動といえども、それが他者のためになるだけでなく、自分のためにもなると思えれば行いやすくなると思います。思いやりのない人の場合は、利己的な行動ではあるけれど、結果的には多少とも他者のためになる、といった行動を実行することから始めてはどうでしょうか。

心理学では、他者のためになるという（利他的な）動機から起こる社会的行動のことを「向会的行動」と呼びますが、進化学や生物学では、行動の結果を重視し結果的に他者のためになれば、その行動の動機が他者のためになるという利他的な動機でも、自分のためになるという利己的な動機でも、どちらも「利他行動」と呼んでいます（序章および第1章参照）。

こうした立場に立てば、利己的な動機を主とする社会的行動であっても、多少とも利他的な結果に終わるような社会的行動を選択すれば、利己的な動機で利己的な結果のみに終わるような社会的行動よりは好ましいということになると考えます。

緊急に援助が必要な場面ではこうしたことを考える余裕はないと思いますが、ゆとりをもってどう行動すればよいかが判断できるような場面、たとえば、仕事がうまくできない後輩のために、うまい仕事のやり方を教えるといった場面では、自分の利益になる方法ではあるが、一方で相手のためにもなる方法、たとえば、上司の前でうまく仕事ができるコツを後輩に教えて自分の株を上げることを主としながらも、そうすることによって結果的に後輩のためにもなるといったやり方を考えて、実行できるとよいのではないでしょうか。

そして相手から感謝されれば、相手のためになることをおもに考えるものの、少しは自分のためにもなるような、あるいはもっと進んで少なくとも自分の損失にはならないような、向社会的行動を選択し、実行できるようになるものと思います。たとえば、後輩のためになることを主と考えながらも、一方では自分が思いやりのある先輩であるという評判が広まることを従として仕事を教える、といったようなことです。

また、自分が行う思いやり行動が将来的に自分のためになると思えれば、そうした行動も実行しやすいと考えます。いまは後輩のためにこんなに尽力して、時間外にもかかわらず仕事を教えているけれど、彼はとても優秀だから、将来自分が係長になったとき、自分のために尽力してくれるのではないか（下心ありありか！）というように考えられれば、苦労も多い援助行動も比較的楽しくなるのではないでしょうか。大事なことは、自分が行う社会的行動がどのような影響力をもつのかを分析して行っていけるかどうかだと思います。

少々横道にそれますが、意図や動機を重視する心理学の立場に立つ場合、どんなに他者のためと思って行った向社会的行動（援助行動）でも、結局のところ、他者が自分の役に立ったと思えなければ、それは利他であるとはいえないでしょう。しかし、こうした場合でも、他者が行為者の意図や動機を理解して「ありがとう、しかし……」と感謝の気持ちと一緒に利他にならなかった理由を伝えれば、その行為者は納得し、次回はもう少し相手の気持ちをうまく推測して援助することにしよう、と思い、のちの向社会的行動は抑制されずにすむと考えられます。結局、我々の社会では援助される方も相手の意図や動機を考えて対応することが大事であるように思います。そうすることによって、さらに思いやりの気持ちが育つでしょう。

## ●思いやりのない人とうまくつきあう

思いやりの気持ちが低い人とうまくつきあう方法について紹介します。

つきあう相手を、仕事仲間や単なる友人などの「親しくない他者」と、家族や親友などの「親しい他者」に分けて説明します。もちろん、親しい他者の場合は、前のセクションで説明した「自分の思いやりを育てる」方法をその他者に適用すれば大丈夫です。

## 思いやりのない親しくない人と、ドライにつきあう

思いやりのない親しくない人、具体的にいえば、職場の上司・同僚・後輩や友人のなかで思いやりがない人とうまくつきあうことも、社会的には求められます。思いやりがない人とはできるだけつきあいたくありませんので、親しくなることは稀かもしれません。それでも、仕事上同じ係や課になったり、クラブや部活が一緒であったりすれば、つきあわないわけにもいきません。そうしたとき、どのようにつきあえばよいのでしょうか。

のちに述べるような、相手の思いやりを育てるようなつきあい方ではなく、淡々とドライにつきあえばよいと思います。重要な点は、思いやりがない人は基本的に利己性が強いので、その人の利己性が顕現化しないように、あるいは抑制させるようにして、自分に被害が及ばないようにつきあうことです。

たとえば、思いやりのない上司の場合ですが、こちらが上司の気持ちをうまく読み取りながら、利己性あるいは反社会性がおもてに表れて自分に仕事上の災難が降りかかってこないように対応することが重要です。賞賛できるところは大いに賞賛し、自分の意見を言いたいときには賞賛したのちに小出しにする、というような対応がよいのではないでしょうか。

また、苦労しそうな仕事と簡単そうな仕事が、自分と思いやりのない同僚とにまわってきたような場合には、単純にどちらかを請け負うという流れに持ち込まず、それぞれを担当はするものの最後には助け合って一緒に終わらせる、という流れに持ち込み一応は分担する、という方法がよいと思います。ひとりだけがラクな思いをする状況をもとから作らないように工夫することが大事でしょう。そ

して、助け合った場合には、お互いに「お疲れ様」「ありがとう」さらには「助けてもらって感謝します」などの言葉がけを忘れないようにしましょう。こうした言葉がけによって、わずかではあるかもしれませんが、相手の思いやりの気持ちは育つと予想されます。少なくとも、自分に害をもたらすようなことは少なくなると思います。

なお、思いやりのない他者、とくに友人が、思いやりがないことによる悩みを何気なく話したり、具体的に相談をしたりしてきた場合には、話を聞く、さらに必要であれば「自分の思いやりを育てる」のセクションで説明した内容をかいつまんで話す、などの、どちらかといえば温かい対応をすることが望ましいでしょう。ただ、深入りはせずにドライに対応しましょう。抱え込まないことが大事です。とくに何回もそうした話をしてくるような場合は、専門のカウンセラーや医師に相談することを勧めるとよいです。さらに、思いやりの欠如を主症状とする精神疾患もあります（第5章参照）ので、そうしたことが疑われる場合は同じように専門のカウンセラーや医師に相談することを勧めるとよいでしょう。

## 思いやりのない親しい関係の人と、思いやりを育てるようにつきあう

思いやりのない親しい関係の人、具体的にいえば家族や親友と、その人の思いやりを育てるようにつきあうには、先の「自分の思いやりを育てる」のセクションで説明したことを、自分にではなく、その相手に置き換えて促すようにつきあうことが基本となります。

家族のなかには思いやりがうまく育っていない子どももいるでしょうし、年老いてわがままになっ

てしまい、思いやりの気持ちが低下している高齢の方もいるでしょう。愛情をもってあせらずに育てる、というスタンスが大事です。

また、親友のなかにも思いやりの気持ちがやや欠けていたり、援助が必要な場面でうまく援助できなかったりする人もいます。親友はあなたにとって大事な存在ですから、やはり思いやりの気持ちや思いやりの行動を育むようにつきあうことが必要でしょう。

以下では、重要な点をピックアップして説明します。

## 愛する人や信頼する人ができるようにする

相手に愛する人や信頼する人ができれば、とくに自分がそうした愛する人や信頼する人になれれば、相手は思いやりを発揮しやすくなります。あなたが愛情をもって信頼に値する人間として接することが重要です。こちらがそうした態度で臨めば、相手にも愛する気持ちや信頼する気持ちが育ち、思いやりのある行動がとれるようになります。そして家族の場合には愛し合える、親友の場合には信頼し合える関係ができれば、思いやりの気持ちや思いやりの行動はやがて周囲の人にも波及するようになるでしょう。

なお子どもの場合には、安定したアタッチメントの形成が遅れていたり、周囲の人に広がっていなかったりすることもあります。そのようなときは「あなた（君）がいるだけでママは幸せよ」といった言葉をかけ、無条件の愛情を示すように心がけましょう。家族での楽しい会話やスキンシップを伴った遊びも大事です。

## 幸福感、自己肯定感、有能感がもてるようにする

幸福感や自己肯定感、有能感をもてるようにするには、その人が大事だと思っていることで成功することがもっとも効果的です。その人にとって大事なこととは、仕事や勉強であったり、趣味であったり、さらには友人との関係や家族との団らんであったりしますが、そうしたことがうまくいけば、満足感や有能感が生じ、さらには自己肯定感や幸福感も得られるようになるでしょう。

他者と協力したり助け合ったりして大事なことを達成することは、とくに有意義であると思います。職場での仕事や家庭の恒例行事、たとえば、家族旅行などがそれにあたるでしょう。協力したり助け合ったりすることで他者への感謝の気持ちが生じて、思いやりの気持ちや行動が促進されます。

## 認知的共感性が育つようにする

他者の感情の変化に気づいたり、他者の気持ちをうまく推測して理解したりする認知的共感性の基礎は、4歳から7歳くらいまでには形成されます（第3章参照）。その後、認知能力の発達とともに、この共感性は充実してきます。子どもが小学校の高学年くらいになるまでは、その様子を見守ってあげることが必要です（第3章参照）。

中学生以上になっても認知的共感性がうまく働かない場合は、日常的な出来事を通して、他者の気持ちをその人の表情や行動から読み取るトレーニングをするとよいでしょう。

たとえば、クラスのなかで小さないじめが発生したような場合、いじめられている子どもやいじめている子どもの気持ちについて子どもと話し合ったり、どのような態度や行動で臨めばよいのかを一

緒に考えたりすることで、認知的共感性は育ちます。また、取り立ててトレーニングをしなくても、おやつの時間などに、親が日常的な出来事、たとえば幼い子どもが転んでしまったけれど、親がそれを見ていてすぐには助けなかったことを話題にして、それは子どもが自分の力で立ち上がることを願って待つという対応であることを話して理解させることなどで、認知的共感性を育てることも可能だと思います。

また会社の親友に近い同僚に対してこうした認知的共感性を育むにも、職場での出来事、たとえば、後輩が仕事の遅いことで無視されているようなことを話題にして、相手の気持ちをどのように理解すればよいのか、またどのように対応すればよいのか、などを一緒に考え、話し合うことがよいでしょう。

## 情動的共感性が育つようにする

認知的共感性が育まれても、その結果として必ずしも情動的共感性が育まれるわけではありません。多くのケースでは「認知的共感性 → 情動的共感性」という流れを想定することができますが、たとえば、利己性や反社会性が強く形成されている人の場合には、この流れが阻止されることもあります。そうした場合には、情動的共感性そのものを育てることが必要になります。ただその前に、利己性や反社会性を弱める手だてを講じることも必要となります。

利己性や反社会性を弱めるには、まず強制的にでも向社会的行動を促して、その結果生じる満足感や有能感、さらには充実感などをしっかり感じさせることが重要です。押し付けられた向社会的行動は、本来は向社会的行動とはいえないのですが、それでも、その後に感じるこうしたポジティブな認知や感情によってその人の心の有り様が変われば、まずはそれでよいのではないでしょうか。しかしこのことは、言うは易く行うは難し、です。それだけ親しいというか、ほんとうに相手に思いやりの気持ちが育ってほしいと強く願っていないと実行できません。利己性や反社会性を弱めることができれば、おそらく同時に向社会性も育つでしょうし、やがて情動的共感性を育むよいチャンスが訪れます。

情動的共感性を育むには、日常の出来事を取り上げて、悲しい出来事では当事者の悲しいという感情や、その後に生じる同情という感情を追体験する機会を設けるとよいでしょう。もちろん、悲しい出来事だけではなく、うれしい出来事も取り上げて、同様の機会を設けるようにしましょう。

## 感謝することを促す

感謝の効果についてはたびたび述べましたが、感謝するほうも感謝されるほうも、向社会的行動が増えます。これは一挙両得のような効果といえます。したがって、思いやりのない家族や友人に向社会的な対応をしてもらった際には「ありがとう」「助かりました」などの感謝の気持ちを伝えて、積極的に向社会的行動を促すことが大事です。とくに小さな思いやり行動、たとえばよごれていたデスクを掃除してくれた、パーティの準備を手伝ってくれた、雨の日に傘を貸してくれた、傘を持って迎えに来てくれたなどの行動に対しては、感謝の気持ちを言葉や表情、握手やハギング（ハグ）などの行動でしっかり返してあげましょう。

思いやりのない相手に自分が思いやりのある対応をすることで、相手に感謝の気持ちが生じ、それが向社会的行動につながることもあります。積極的に思いやりのある行動をするように心がけましょう。ただし相手に「自分には自分で対処する能力がないから、あなたに援助されたのだ」といった、弱者であることを自覚させることがないように配慮する必要があります。すなわち、相手の有能感を低減しないように、思いやりの行動を行うことが前提となります。たとえば、仕事がうまくできない後輩を援助する場合は、まだ仕事を十分に覚えていないからうまくできなくて当然、だから援助をするのだ、ということを明言したり暗黙裡に伝えたりして、実際の援助をすることが望ましいでしょう。

## 思いやりのある人をモデリングする

最後に、思いやりのある人の行動をモデリングするように促しましょう。好きな人、尊敬する人、素敵だと思う人の行動はよくまねます。思いやりのあるあなたなら、良いモデルになれると思いますが、いかがでしょうか。

また職場では、仕事ができて後輩の面倒をよくみる先輩が、思いやりのある人のモデルになりそうです。そうした人は、誰にでも好まれる人、尊敬される人、素敵な人ではないでしょうか。そうした人の向社会的行動を賞賛したり応援したりすることも、その人がモデルになる可能性を高めます。ただ、やりすぎて周囲の人に妬みが生じないようにご注意ください。

なお、思いやりのない人の周囲に、思いやりのない人が多いと、思いやりのある人物がたとえそばにいたとしても、その人がモデルになる可能性は低くなります。集団の力でしょうか、思いやりのないことに慣れてしまいます。思いやりを育てたいと思う人の周りに、思いやりのある職場集団や仲間集団、家族集団を作る努力も必要でしょう。そのためには、思いやりのある複数の人たちが、たゆまずに思いやり行動を行っていくことが重要と思います。そうした努力が、思いやりのある人、そして思いやりのある集団を生み出すことになるでしょう。

## ●まとめ

共感性を測定する新しい質問票を紹介し、読者の方にトライしてもらいました。その結果に基づいて、共感性は低いがそのままで仕方がない、そうした自分でも他者とうまくつきあっていきたいと思う人のために、その方法をまとめました。重要なことは、自分が所属する職場集団、友だち集団などから避けられることがないように行動すればよい、ということです。

一方、共感性が低いからもっと高くなり、他者とうまくつきあっていきたいと思う人のために、自分の共感性ならびに向社会的行動を高めたり増やしたりする方法について説明しました。自分の共感性を高める方法としては、人を愛することとあるいは信頼すること、幸福感や自己肯定感、有能感をもつこと、自分にやさしくすること、さらに向社会的行動を増やす方法としては、感謝することとされること、社会的スキルを習得すること、思いやりをもつ人をモデリングすること、人のためになると同時に自分のためにもなる向社会的行動を選びその行動をすること、を説明しました。

つぎに、思いやりのない人とうまくつきあう方法について紹介しました。思いやりがなくて自分と親しくない単なる同僚や友人などの場合には、ドライにつきあう方法について、親しい関係にあるが思いやりが低いため思いやりを育ててあげたいと思う家族や親友などの場合には、自分の思いやりを高める方法をその人に適用してつきあう方法について説明しました。

**【文献】**


[1] 村上達也・中山伸一・西村多久磨・櫻井茂男（2017）「共感性と向社会的行動および攻撃行動の関連――成人用認知・感情共感性尺度を作成して」『筑波大学心理学研究』53, 91-102.

[2] 村上達也・西村多久磨・櫻井茂男（2014）「小中学生における共感性と向社会的行動および攻撃行動の関連――子ども用認知・感情共感性尺度の信頼性・妥当性の検討」『発達心理学研究』25, 399-411.

[3] たとえば、村上達也・西村多久磨・櫻井茂男（2016）「家族、友だち、見知らぬ人に対する向社会的行動――対象別向社会的行動尺度の作成」『教育心理学研究』64, 156-169.

[4] 櫻井茂男（研究代表）（2013）「児童・生徒の共感性向上に基づく適応促進プログラムの開発」『平成21～24年度文部科学省科学研究費補助金（基盤研究（C））事業報告書』

[5] 西村多久磨・村上達也・櫻井茂男（2015）「共感性を高める教育的介入プログラム――介護福祉系の専門学校生を対象とした効果検証」『教育心理学研究』63, 453-466.

[6] たとえば、國分康孝（1980）『カウンセリングの理論』誠信書房

[7] たとえば、國分康孝（監修）／岡田弘・片野智治（編集）（1996）『エンカウンターで学級が変わる　小学校編――グループ体験を生かした楽しい学級づくり』図書文化社

[8] Staub, E. (1979) *Positive social behavior and morality*. Vol. 2, *Socialization and development*. New York: Academic Press.

[9] ネフ、K／石村郁夫・樫村正美（訳）（2014）『セルフ・コンパッション――あるがままの自分を受け入れる』金剛出版〔Neff, K. D. (2011) *Self-compassion: Stop beating yourself up and leave insecurity behind*. New York: William Morris.〕

[10] 櫻井茂男（2019）『完璧を求める心理——自分や相手がラクになる対処法』金子書房
[11] 有光興記（2014）「セルフ・コンパッション尺度日本語版の作成と信頼性、妥当性の検討」『心理学研究』85, 50-59.
[12] Shapiro, J., Morrison, E. H., & Boker, J. R.（2004）Teaching empathy to first year medical students: Evaluation of an elective literature and medicine course. *Education for Health,* 17, 73-84.
[13] 櫻井茂男・葉山大地・鈴木高志・倉住友恵・萩原俊彦・鈴木みゆき・大内晶子・及川千都子（2011）「他者のポジティブ感情への共感的感情反応と向社会的行動、攻撃行動との関係」『心理学研究』82, 123-131.
[14] McCullough, M., Kilpatrick, S., Emmons, R., & Larson, D.（2001）Is gratitude a moral affect? *Psychological Bulletin,* 127, 249-266.
[15] たとえば、Goei, R., & Boster, F. J.（2005）The roles of obligation and gratitude in explaining the effect of favors on compliance. *Communication Monographs,* 72, 284-300. および［16］。
[16] Grant, A., & Gino, F.（2010）A little thanks goes a long way: Explaining why gratitude expressions motivate prosocial behavior. *Journal of Personality and Social Psychology,* 98, 946-955.
[17] たとえば、Bartlett, M. Y., & DeSteno, D.（2006）Gratitude and prosocial behavior: Helping when it costs you. *Psychological Science,* 17, 319-325. および［16］。
[18] 菊池章夫（2014）『さらに／思いやりを科学する——向社会的行動と社会的スキル』川島書店
[19] たとえば、相川　充（2019）『人づきあい、なぜ7つの秘訣？——ポジティブ心理学からのヒント』新世ライブラリ Life & Society 2 新世社、および［20］。
[20] 佐藤正二・相川　充（編集）（2005）『実践！ソーシャルスキル教育 小学校編——対人関係能力を育てる授業の最前線』図書文化社

# あとがき

読者のみなさん、本書を最後まで読んでいただけましたでしょうか。読んでいただけたのであれば、著者としてこれほどうれしいことはありません。ありがとうございます。

本書のような思いやりに関する本を執筆したのは今回が初めてです。実際に書き始めてみると二つの難問に出会いました。

ひとつは用語の問題です。心理学ではaltruismを「愛他性」と訳すことが多いのですが、進化学や生物学では「利他主義」と訳すようです。また、思いやり行動についても、心理学では愛他的行動(altruistic behavior)あるいは「向社会的行動」(prosocial behavior)を使いますが、進化学や生物学では同じaltruistic behaviorという英語であっても「利他行動」と訳して使うようです。しかもその意味内容が微妙に異なります。これらを一堂に集め、整理して使うこと(表0-1参照)にまず苦慮しました。といっても、私は心理学者なので心理学の用語法を基本にしました。

もうひとつは内容の整合性の問題です。発達心理学および社会心理学の領域での思いやり研究はすでにひと山越えています。このたびは、そうした過去の文献を読み直し、その内容に私共の研究を含む新たな視点から行われた研究の成果を加えて、全体として整合性や一貫性のある内容にすることに多くの時間を費やしました。最終的には読者のみなさんにとってわかりやすいことがもっとも大事であると判断し、枝葉末節にはこだわらず大胆に調整しました。それゆえ、用語の解釈や議論の展開等に誤りや矛盾があるとしたら、それはひとえに著者である私の浅学によるといえます。

以上のような難問を乗り越え（?）こうして出版にこぎ着けることができましたのは、多くの方々のご支援があったからです。恥ずかしながら妻の登世子と息子の祐輔には、いつもながら思いやりのある行動であたたかく支えてもらいました。妻には「うまく書けない」と言っては愚痴をこぼしましたが、そのたびに励ましの言葉をもらい何とか執筆をつづけることができました。息子には〝大変そうだけれど、頑張ってね！〟との無言のエールをもらったように思います。また、牧山智樹さんは大学院の学生のころから知っていますが、就職されてからも一緒に美味しい酒を飲み、元気をもらいました。さらに、本書で紹介した私共の研究は、それぞれの時期に私の研究室に在籍した多くの院生さんの協力がなければ成し遂げられませんでした。ここでお名前を挙げることは控えさせてもらいますが、引用文献に登場する私との共著論文を見ていただければおわかりいただけるかと思います。この他にも多くの方々からご支援をいただきました。こうしたすべての方々に心より感謝を申し上げます。

そして、本書の出版をご快諾いただき、執筆内容についても貴重なコメントをいただきました新曜社社長の塩浦暲氏に衷心より感謝を申し上げます。二十年以上前のことになりますが、塩浦氏には恩師であるデシ先生の著書の訳書『人を伸ばす力――内発と自律のすすめ』を出版する際にはじめてお世話になりました。そのときの適切なアドバイスはいまでもよく覚えています。今回は、私の力不足のために前回よりもずっとご面倒をおかけしました。塩浦氏のご尽力がなければ本書は出版できなかったと思います。ほんとうにありがとうございました。

さて最後に、新型コロナウィルスの感染拡大を防止するために読者の方にお願いです。このたびの新型コロナウィルスの感染拡大を防止するには、思いやりの気持ちをもって行動することが重要であると考えます。どんなに気をつけてもウィルスに感染することはありますが、なかには目先の享楽に負けて利己的な行動をしたがためにウィルスに感染し、知らぬ間に多くの人に感染させてしまった、というような悲惨な事例も報告されています。

ご存知の通り、ウィルスに感染しないためには「免疫力」がとても重要な役割を果たします。ピーク時にある思春期のお子さんの免疫力を１００とすれば、40歳代で半分、70歳代では10程度になるようです。これはとても衝撃的な数値ではないでしょうか。高齢の方が新型コロナウィルスに感染しないようにするには、周囲の人が思いやりの気持ちをもって自らがウィルスに感染しない努力をすることがとても大事であると考えます。とくにご家族や自分の近くに高齢者のおられる方は十分気をつけてほしいと思います。

みんなの思いやりの力で一日も早く感染拡大が終息することを切に願っています。

２０２０年９月

著　者

**著者紹介**

櫻井茂男（さくらい　しげお）
1956年長野県生まれ。筑波大学大学院心理学研究科（博士課程）心理学専攻修了（教育学博士）。日本学術振興会特別研究員、奈良教育大学助教授、筑波大学人間系教授などを経て、現在、筑波大学名誉教授、学校心理士
[専門分野] 動機づけの心理学、発達心理学、教育心理学
[主な著訳書]『人を伸ばす力』（監訳：新曜社）、『自律的な学習意欲の心理学』（誠信書房）、『スタンダード　発達心理学』（共編：サイエンス社）、『子どものこころ　新版』（共著：有斐閣）、『完璧を求める心理』（金子書房）、『自ら学ぶ子ども』『学びの「エンゲージメント」』（図書文化社）

思いやりの力
共感と心の健康

初版第1刷発行　2020年11月10日

著　者　櫻井茂男
発行者　塩浦　暲
発行所　株式会社　新曜社
101-0051　東京都千代田区神田神保町3-9
電話（03）3264-4973（代）・FAX（03）3239-2958
e-mail：info@shin-yo-sha.co.jp
URL：https://www.shin-yo-sha.co.jp/

印　刷　星野精版印刷
製　本　積信堂


ISBN978-4-7885-1692-2 C1011